本书出版受到湖北汽车工业学院博士科研基金项目（BK202106）及研究生教育质量工程——核心课程项目Y201909资助、普洱学院创新团队项目（K2015042）和青年骨干教师培养工程项目支持

统计学软件应用与案例分析

徐康　袁守成　著

吉林大学出版社

·长春·

图书在版编目（CIP）数据

统计学软件应用与案例分析 / 徐康，袁守成著. --
长春 ：吉林大学出版社，2024.4
ISBN 978-7-5768-3149-8

Ⅰ．①统… Ⅱ．①徐… ②袁… Ⅲ．①统计分析－软
件包 Ⅳ．① C819

中国国家版本馆 CIP 数据核字 (2024) 第 087267 号

书　　名：统计学软件应用与案例分析
　　　　　TONGJIXUE RUANJIAN YINGYONG YU ANLI FENXI

作　　者：徐　康　袁守成
策划编辑：邵宇彤
责任编辑：樊俊恒
责任校对：刘守秀
装帧设计：寒　露
出版发行：吉林大学出版社
社　　址：长春市人民大街 4059 号
邮政编码：130021
发行电话：0431-89580036/58
网　　址：http://www.jlup.com.cn
电子邮箱：jldxcbs@sina.com
印　　刷：河北万卷印刷有限公司
成品尺寸：170mm×240mm　　　16 开
印　　张：16.75
字　　数：225 千字
版　　次：2025 年 1 月第 1 版
印　　次：2025 年 1 月第 1 次
书　　号：ISBN 978-7-5768-3149-8
定　　价：88.00 元

前　言

21 世纪是信息化时代，人们处于一个数据爆炸的时代，每天有无数的数据从各种渠道涌现，为人们深入了解世界、优化决策和创新创造提供了前所未有的机会。然而，这也带来了一个巨大的挑战，即如何从这些海量的数据中提取有意义的信息，从而为人们的研究和决策提供支持，这正是统计学发挥其关键作用的地方。统计学作为一门研究数据收集、分析、解释和呈现的学科，其应用范围广泛，无论是在商业、医学、工程领域还是社会科学领域，都发挥着至关重要的作用。本书旨在帮读者全面而深入了解统计学和统计软件工具。

在第 1 章中，本书介绍了统计学的基本框架，探讨其起源、发展历程以及在现代社会中的关键作用。同时，本书还介绍了一些常用的统计软件工具，帮助读者更好地进行数据处理和分析。

数据是统计学的基石。在第 2 章中，本书详细讨论了如何收集、处理和分析数据，以及如何使用描述性统计方法来总结和解释数据的主要特征。

聚类分析是一种将相似的对象分在一组的技术。在第 3 章中，本书介绍了聚类分析的基础知识、常见方法以及如何评估和优化聚类模型。

在第 4 章中，本书介绍了一种用于识别隐藏在多个变量背后的潜在结构的方法——因子分析。本书探讨了因子分析的基本步骤、方法以及如何解释因子负荷量和公共性。

在第 5 章中，本书深入探讨了如何使用相关和回归分析来研究变量之间的关系，以及如何诊断和改进回归模型。

在第 6 章中，本书介绍了一种研究因变量和一个或多个分类变量之间关系的技术——方差分析，讨论了方差分析的基础知识、单因素和多因素方差分析，以及如何进行后验检验和效应量计算。

时间序列分析关注的是随时间变化的数据序列。在第 7 章中，本书介绍了时间序列分析的基础知识、常见模型以及如何进行预测和模型选择。同时，本书结合实际案例，展示了如何使用统计软件工具进行数据分析，从而帮助读者更好地将理论知识用于实践。

在第 8 章中，本书通过具体案例分析来展示统计学软件工具的实际应用，帮助读者将理论知识应用于解决现实问题。本章介绍了描述性统计分析、聚类分析、因子分析、相关与回归分析、方差分析以及时间序列分析的案例，每个案例都详细阐述了分析的步骤与方法，让读者能够深入理解如何在不同情景中运用统计学的核心技术，帮助读者在实际工作中有效地运用所学技能，提高读者的数据处理和分析的能力。

本书由徐康老师和袁守成老师共同撰写完成，其中第 1 章到第 2 章由袁守成老师撰写，共计 5.5 万字；第 3 章到 8 章由徐康老师撰写，共计 17 万字。

本书希望能帮助读者全面而深入地了解统计学知识和相关软件工具，帮助读者更好地理解和掌握统计学的知识，希望统计学初学者与有一定基础的研究者都能从中受益。

目　录

第 1 章　统计学概述与软件应用

在现代社会，统计学在各行各业中都是不可或缺的。它不仅仅是一门关于数据的科学，更是一种让数据说话，揭示事物本质与规律的工具。第一章旨在对统计学及其软件应用进行全面概述，从统计学的基础知识入手，逐步深入介绍统计学的重要性及应用，最后介绍当下流行的统计学软件工具。

1.1 统计学的基础知识

统计学[①]是一门很古老的科学，其学理研究始于古希腊的亚里士多德时代，迄今已有 2 300 多年的历史。在统计学的发展过程中，不同的组织和学者曾给"统计学"下过不同的定义。例如，《中国大百科全书》[②]认为，统计学是收集、分析、表述和解释数据的科学；特里奥拉（Mario F. Triola）在其教材《初级统计学》[③]中提到，统计指的是一组方法，用来设计实验、获得数据，然后在这些数据的基础上组织、概括、演示、分析、解释和得出结论。可见，统计的核心词是"数据"，统计学是一门对客观事物总体数量特征和数量关系进行计量描述和分析推论的科学，包括数据收集、数据处理、数据分析、数据解释，以及从数据中提取信息。

数据收集重在获取所需要的数据，它是统计研究工作的起点，数据是否完整、准确、及时，直接关系到数据处理的好坏。数据处理重在根据研究的需要，通过科学的分组、汇总、列表等加工处理，使分散的、不系统的原始数据条理化、系统化，为数据分析打下基础，它起着承前

---

① 陈鸿雁.统计学 [M].北京：北京理工大学出版社，2021：1-18.

② 中国大百科全书总编辑委员会.中国大百科全书 [M].北京：中国大百科全书出版社，2009：152-224.

③ 黄少年.初级统计学 [M].武汉：湖北科学技术出版社，2003：16-68.

启后的作用。数据分析重在选择适宜的统计方法和统计指标来研究数据的规律性，是统计学的核心部分。数据的解释是将分析结果转化为有意义的信息，涉及对统计结果的解读和理解。从数据中提取信息是为了更好地理解当前的数据模式，并在此基础上构建数学模型，从而对未来趋势进行预测。这种预测过程利用已有的数据，通过模型分析来预测未来可能的发展方向。

1.1.1　什么是统计学

统计学是一门综合性的科学，通过收集、整理和分析数据等，对研究对象的本质进行推断，甚至预测未来的可能性。从其定义来看，统计学似乎离人们的生活很遥远，但实际上，统计学知识已经运用到人们生活的方方面面。从商业决策、医学研究到社会科学，统计学都在发挥关键的作用。

英文"estimate"的中文翻译是"估计"。从这个角度来看，人们可以将统计学简单地理解为"估计学"。这种"估计"并不是随意地猜测，而是基于大量数据，运用科学方法得出结论。例如，天气预报中的"明天有 80% 的降雨概率"并不是随便说出来的，而是基于气象卫星收集的大量数据，通过复杂的统计模型计算出的。但这个 80% 的降雨概率只是说明明天降雨的可能性比较大，但并不能确切地告诉人们明天一定会下雨。这也是统计学的一个重要特点，它求得的是概率。

人们可以将统计学看作一门有科学依据的"猜测"学。这并不意味着统计学是不准确的，相反，统计学的预测和推断基于大量的数据和科学的方法，更加接近真实情况。但由于现实世界中的许多因素都具有随机性，统计学只能为人们提供最可能出现的结果，而不能给出确切的答案。统计学还有一个重要的特点，那就是它是一门实证科学。这意味着统计学需要得到实际验证。只有经过实证的统计方法和模型，才能真正为人们提供有价值的信息。

在现代社会，随着大数据技术的发展，统计学的重要性日益凸显。社交媒体、电商网站、智能设备等每天都在产生大量的数据。如何从这些数据中提取有价值的信息，成了许多领域亟待解决的问题，而统计学正是解决这一问题的关键。

1.1.2　常见的变量类型

在研究中，变量 ① 扮演着至关重要的角色。变量，简单地说，是指在质或量上可以发生变化的量，与常量相对。常量指在特定条件下不发生变化的量。为了更好地理解和进行研究，需要对变量进行分类。本节将介绍三种常见的变量：自变量、因变量和控制变量。

1. 自变量（independent variable）

自变量在实验中起到关键作用，它是由研究者操纵和控制的变量。当研究者想要了解某个因素或条件如何影响结果时，这个因素或条件就是自变量。例如，当研究者想要了解不同的教学方法对学生的学习效果有何影响时，教学方法就是自变量。自变量也叫前因变量或预测变量，通常用于预测或解释因变量的变化。

2. 因变量（dependent variable）

因变量是由自变量的变动而直接引起变动的量。在上面的例子中，学生的学习效果就是因变量。因变量也被称为结果变量或反应变量，因为它反映了自变量变动带来的结果。

---

① 张杰，阳宪惠. 多变量统计过程控制 [M]. 北京：化学工业出版社，2000：1-7.

3. 控制变量（control variable）

控制变量在实验中同样重要，它指的是那些除了实验因素（自变量）以外的所有可能影响实验结果的变量。这些变量本身并不是实验所要研究的重点，但如果不加以控制，可能会对实验结果产生影响，从而导致实验结果不准确。在上述的教学方法对学习效果有何影响的研究中，学生的先前已有知识、学习动机和家庭背景都可能影响学习效果，但它们不是研究的重点，因此需要将其视为控制变量，对其进行控制。控制变量也叫无关变量或无关因子。

为了确保研究的有效性和准确性，研究者必须仔细选择和定义这三种变量，并确保在实验过程中对它们进行适当的控制。只有这样，才能确保得到的研究结果是准确和可靠的。

1.1.3 变量的测量尺度

在统计学中，变量的测量尺度①是一个核心概念，它为数据分析提供了基础。每种测量尺度都有其特点和应用范围，因此选择正确的测量尺度对于分析的准确性和有效性至关重要。以下将详细探讨统计学中的三种主要测量尺度：名义尺度、有序尺度和标度尺度。

1. 名义尺度（nominal scale）

名义尺度提供了一种简单的分类方法，即基于事物的某种属性或特征进行分类，这种分类没有固定的顺序或等级，只是纯粹的标签或名称。例如，性别可以分为"男"和"女"，国籍可以分为"中国""英国"等。这些类别只是标签，没有任何数量或大小的含义。对于名义变量，研究者通常只关心每个类别的频数或频率，而不进行任何算术运算。

---

① 李丽清，管仕平. 统计学原理及应用 [M]. 武汉：华中科技大学出版社，2019：19-61.

2. 有序尺度（ordinal scale）

有序尺度是对事物之间顺序或者等级的一种测度，可以比较优劣或者排序，蕴含的信息量比名义尺度多一些，如考试名次、受教育程度等。有序变量无法测量出类别之间的准确差值，类别的间距不等，无法进行算术运算，如小学与初中的差距 d_1，初中与高中的差距 d_2，$d_1 \neq d_2$。有序尺度切割没有意义，因此不会有均值、标准差、峰度等。

3. 标度尺度

标度尺度是最高级的测量尺度，可以表示类别、顺序，还可以准确地测量类别之间的差距。标度尺度可以进一步细分为定距尺度和定比尺度。

（1）定距尺度（interval scale）。定距尺度不仅可以表示类别和顺序，还可以准确地测量类别之间的差距。例如，摄氏温度是定距尺度，可以表示温度的不同值，人们可以准确地测量这些值之间的差距。但是，定距尺度没有绝对的零点，这意味着定距尺度数据不能计算比值。

（2）定比尺度（ratio scale）。定比尺度是能够测算两个测度值之间比值的一种计量尺度。与定距尺度的差别在于定比尺度有一个固定的绝对零点，而定距尺度没有。例如，质量是定比尺度，0 kg 代表没有质量；而温度是定距尺度，0 ℃ 代表水的冰点，并非没有温度。

1.1.4 常见的统计名词

1. 基础名词

在统计学 ① 中，有一些基础的名词和概念是至关重要的，掌握这些

---

① 吴振荣 . 统计学 [M]. 北京：北京理工大学出版社，2020：119–145.

名词和概念是数据分析和研究的前提。以下将详细介绍这些基础名词及其含义。

（1）总体（population）。总体是研究或调查的核心对象，它代表了一个完整的集合。例如，当研究者想要了解某个城市的居民的平均收入时，这个城市的所有居民就构成了研究的总体。总体的大小通常用 N 表示。在统计学中，总体的特征是研究者最关心的，但由于各种原因，研究者很难直接获得总体的完整信息。

（2）样本（sample）。由于直接研究总体通常是不现实的，研究者通常会选择一个具有代表性的子集进行研究，这个子集就是样本。样本的大小用 n 表示。样本应是从总体中随机选择的、具有代表性的子集，以确保研究结果的准确性，使研究者能够通过对样本的研究来了解总体的特征。

（3）参数（parameter）。参数是描述总体特征的数字，是研究者真正关心的值，如总体的平均值、中位数或方差。但是，由于难以直接获得总体信息，参数通常是未知的。因此，研究者需要使用样本数据来估计参数。

（4）统计量（statistic）。与参数相对的是统计量，它是描述样本特征的数字。统计量是基于样本数据计算出来的，如样本的平均值、中位数或方差。研究者通过计算统计量，估计参数。

2.连续变量的统计名词

（1）集中趋势的描述指标。

①算术平均数。算术平均数又称均值，是统计学中最基本、最常用的一种描述数据分布集中趋势的指标，常用 $\bar{x}$ 表示。例如，某班级 n 名学生的数学考试成绩分别为 $x_1,\ x_2,\cdots,x_n$，则此班级 n 名学生数学平均成绩为 $\bar{x} = \dfrac{x_1 + x_2 + x_3 + \cdots + x_n}{n}$。均值是一个良好的反映数据集中趋势的指

标，但只适用于数据服从正态分布的情况；当数据不服从正态分布时，均值会受到极端值的影响，无法准确反映数据的集中趋势。假设某办公室 5 位教师的月收入分别为 4 000 元、4 500 元、5 000 元、5 100 元、21 000 元，这 5 位教师的平均月工资为 7 920 元，而 7 920 元无法准确反映这 5 位教师的一般收入水平。

②中位数。中位数又称中点数、中值，是按顺序排列的一组数据中居于中间位置的数，中位数将全部数值分成两部分，一半数据比它大，一半数据比它小。均值会受到极端值的影响，而中位数是位置平均数，不会受到极端值的影响；当数据有极端值，不服从正态分布时，中位数比均值更能准确地反映数据的集中趋势。

③众数。众数是一组数据中出现次数最多的数，不受极端值影响。一组数据中可以没有众数，可以有一个，也可以有多个。例如，1，2，3，4，5 这组数据中就没有众数；1，2，2，4，5 这组数据中的众数为 2；1，2，2，3，3，5 这组数据中的众数为 2 和 3。

（2）离散趋势的描述指标。

①极差又称为全距，是一组数据中最大值与最小值之间的差距，即最大值减去最小值后所得之数。例如，12，15，16，19，20，32 这组数据中，最大值为 32，最小值为 12，全距为 20。极差是最简单的变异指标，一般可以用来检查量表数据录入是否出错。

②方差是统计学中极为重要的一个描述指标。一组数据中每个数据与均值的差值称为离均差。

③标准差。方差将原始量纲平方，导致其意义解释起来非常不合理，如计算一群人身高（cm）的方差，单位为 cm^2，无法解释。因此，将方差开方，这就是标准差。

标准差和方差的计算需要用到每一个变量值，能够充分利用样本信息并反映离散趋势，是最理想、最重要的变异描述指标。但方差、标准差与均值一样，计算时需要用到每一个变量值，计算结果会受到极端值的影响，造成对离散趋势的错误反映，因此使用方差和标准差描述离散趋势时，数据应当服从正态分布。

④百分位数、四分位数与四分位距。百分位数是表示数据中特定比例的观测值位置的指标。对于一组按数值大小排列的 n 个观测值，位于 $p\%$ 位置的值称为第 P 百分位数。中位数是一个特殊的百分位数，记作 P_{50}，表示位于数据中间位置的值。

四分位数是特别常用的百分位数，包括：第一四分位数 Q_1 或 P_{25}，位于数据中下 25% 位置的值；第二四分位数 Q_2 或 P_{50}，即中位数，位于数据中 50% 位置的值；第三四分位数 Q_3 或 P_{75}，位于数据中上 75% 位置的值。这三个四分位数将全部数据分为四等分，其中 P_{25}（第一四分位数）和 P_{75}（第三四分位数）之间的区域覆盖了中间 50% 的数据。这种划分方法使数据的分布特性得以清晰展现。

四分位距是衡量数据离散程度的一个重要指标，定义为第三四分位数与第一四分位数之差，即 $IQR = Q_3 - Q_1$。四分位距反映了数据中间部分的扩散程度，并且不受极端值的影响，因此是一个反映数据离散程度的稳健指标。四分位数和四分位距提供了一种有效的方法，可以帮助人们理解和解释数据集的中心位置、扩散程度及整体分布形状，尤其是在数据分布不对称或存在异常值时。

（3）分类变量的统计名词。

①频数指某一类别出现的次数。例如，一个班级里有男生 18 名，女生 15 名，则男生的频数为 18，女生的频数为 15。

②频率指某一类别出现的次数占所有类别出现次数的比值。例如，一个班级里有男生 18 名，女生 15 名，男生的频率为 0.55，女生的频率为 0.45。

③百分比指某一类别出现的次数占所有类别出现次数的百分之几，

采用符号"%"（百分号）来表示。例如，一个班级里有男生 18 名，女生 15 名，则男生占总人数的百分比为 55%，女生占总人数的百分比为 45%。

1.1.5　常见分布

1. 正态分布

（1）正态分布（normal distribution），又称为常态分布、高斯分布（Gaussian distribution），记作 $N(\mu,\sigma^2)$，是一个非常重要的概率分布，在统计学的很多方面有着重大的影响力。自然界和人类社会的许多现象（变量）均服从正态分布，如某次考试学生的成绩、红细胞数量等。完全服从正态分布的现象（变量）几乎不存在，只要现象（变量）不呈现严重的偏态分布，就基本可以认为其服从正态分布。

（2）形态与参数。

①均数 μ。μ 描述正态分布的集中趋势位置，是正态分布的位置参数。取值越接近 μ，概率越大；取值越不接近 μ，概率越小。正态分布以 $x=\mu$ 为对称轴，左右完全对称。正态分布的均数、中位数、众数相同，均等于 μ。

②标准差 σ。σ 是描述正态分布数据分布离散程度的参数，σ 越大，数据分布越分散，曲线越扁平；σ 越小，数据分布越集中，曲线越瘦高。

2. 标准正态分布

（1）标准正态分布又称 Z 分布，是正态分布的一种，其均数和标准差是固定的，$\mu=0$，$\sigma=1$。

（2）标准正态分布的 3σ 原则。横轴区间（$\mu-\sigma,\mu+\sigma$）内的面积为 68.268 949%；横轴区间（$\mu-1.96\sigma,\mu+1.96\sigma$）内的面积为 95.449 974%；

横轴区间（$\mu - 2.58\sigma, \mu + 2.58\sigma$）内的面积为 99.730 020%。自然界和人类社会许多现象（变量）的取值一般落在（$\mu - 3\sigma, \mu + 3\sigma$）区间内，落在此区间外的事件被称为小概率事件，小概率事件在一次实验中几乎是不可能发生的，所以区间（$\mu - 3\sigma, \mu + 3\sigma$）是变量实际上可能的取值区间，这被称为标准正态分布的 3σ 原则。

3. t 分布

（1）学生 t 分布（student's t distribution），简称 t 分布，经常用于对呈正态分布的总体的均值进行估计，它是对两个样本均值进行显著性差异检验的基础。

（2）形态与参数。t 分布曲线形态与自由度 df 有关，如图 1–1 所示。自由度 df 愈小，t 分布曲线愈平坦，曲线中间愈低，曲线双侧尾部翘得愈高；自由度 df 愈大，t 分布曲线愈接近正态分布曲线；当自由度 df=∞ 时，t 分布曲线为标准正态分布曲线。

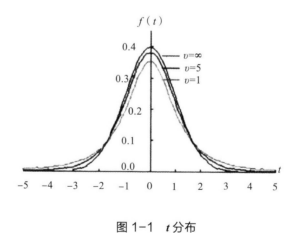

图 1–1　t 分布

4. 标准正态分布（Z 分布）与 t 分布的联系

（1）若总体方差已知（如样本数量足够多时），则应该用标准正态分布来估计总体均值；若总体方差未知，则需要通过参数来估计总体均值，这时用 t 分布。

（2）在数据分析中，标准正态分布可以通过面积来计算概率，而 t 分布则需要通过计算出 t 值，进而算出概率。

（3）在实际研究中，多数情况下无法知道总体的方差，所以多使用 t 分布估计总体的方差。

1.1.6　假设检验

1. 基本思想与原理

为了更好地理解假设检验的基本原理，下面通过一个例子进行解释。

例如，李华是一个玩具制造商，他最近购买了一批新的骰子，打算用它们制作桌游。在购买之前，李华的预期是这些骰子的六个面都是均匀的，这意味着每个面出现的概率都是 1/6。为了验证这一点，他决定进行一个测试：掷骰子 600 次。按照他的预期，每个数字应该大约出现 100 次，但令人惊讶的是，数字"6"只出现了 1 次。

面对这种情况，李华开始寻找可能的原因。他猜测可能是这批骰子的生产工艺有问题，或是他的测试方法有误。虽然测试方法可能有误是一个可能的解释，但这种情况发生的概率非常小。在统计学中，如果某个事件发生的概率小于或等于 0.05，那么这个事件就被认为是小概率事件。在一次测试中，小概率事件是不太可能发生的。但如果进行了无数次测试，那么小概率事件最终将发生。

假设检验的基本思想就基于这种小概率反证法思想。它的工作原理如下：先假设某个假设是正确的，然后基于这个假设，计算当前样本以及更极端样本出现的概率。如果这个概率是一个小概率值，在假设成立的情况下，这种小概率事件竟然发生了，这与小概率事件原理是相悖的。因此，可以推翻最初的假设。

李华的测试结果使他怀疑这批骰子有问题。他的假设是骰子是均匀的，每个面出现的概率都是 1/6。但在 600 次测试中，数字"6"只出现了 1 次，这是一个小概率事件。因此，他有理由怀疑这批骰子不均匀。

2. 假设检验的标准步骤

（1）建立假设。根据问题提出原假设 H_0，也称无效假设，以及对立面备择假设 H_1。

（2）确立检验水准。即小概率事件的界值，它被称为 a 水准，是指检验假设 H_0 本来成立，却根据样本信息拒绝 H_0 的可能性大小，是确定拒绝 H_0 时最大允许误差的概率，即拒绝了实际上成立 H_0 的概率。

（3）进行试验，选定检验方法。

（4）确定 P 值。P 值又称显著性值或者 sig. 值，用于描述某件事情发生的概率，取值范围为 0～1，不包括 0 和 1。通常判断标准有 3 个，分别是 0.001、0.05、0.1。以 0.05 为例，$P > 0.05$，则不拒绝 H_0；$P < 0.05$，表示出现 H_0 的概率小于 5%，因此不太可能出现 H_0 所假设的情况，则拒绝 H_0。

3. 假设检验的两类错误

假设检验的两类错误如表 1-1 所示。

表1-1　假设检验的两类错误

实际情况	检验结果	
	拒绝H_0	不拒绝H_0
H_0真实	Ⅰ类错误（α）	结论正确（$1-\alpha$）
H_0不真实	结论正确（$1-\beta$）	Ⅱ类错误（β）

（1）第一类错误（Ⅰ类错误）：无效假设 H_0 实际上是正确的，但是由于抽样误差，或者恰好发生了小概率事件，却被拒绝，从而犯了"弃真"的错误。Ⅰ类错误概率是人为的，是为了进行统计分析做决策愿意付出的代价。

（2）第二类错误（Ⅱ类错误）：无效假设 H_0 实际上不正确，但由于抽样误差，P 值大于 α，未能拒绝 H_0，从而犯了"存伪"的错误。一般人们在进行假设检验时并不知道犯Ⅱ类错误的概率大小，可以根据相关参数对其进行估计。

4. 双侧检验与单侧检验

（1）双侧检验：若研究者想要知道假设是否发生了变化，但是并不清楚发生变化的方向如何，就需要用双侧检验。

（2）单侧检验：若研究者能够根据专业知识确定假设发生变化的方向，一种方法所得到的结果高于或低于另一种方法所得到的结果，则可以使用单侧检验。

绝大多数情况下，人们无法知道实验后结果变化的方向，所以使用双侧检验更加稳妥。

1.1.7　统计基本假设

许多统计分析方法对样本数据都有一定的前提要求，若样本数据不满足这些条件，往往会得出错误的结论。统计学中最基本、最常见的假设有三个：正态性、方差齐和独立性。

1. 正态性（normality）

正态性是指变量的数据要服从正态分布。常用的统计方法基本上是参数检验方法，检验效能高，要求数据服从正态分布，这样，估计的结果比较准确。

2. 方差齐（homogeneity）

同质性是指样本和数据必须要有某种共同的属性，比较的样本所属总体的总体方差的差异不显著，这样才具有比较的意义和价值。例如，让专业举重选手和普通人进行举重比赛，这显然是不合理的，专业的举重选手和普通人并不是同质的，即使专业的举重比赛，也是分重量级的。

3. 独立性（independence）

独立性是指观察值之间相互独立，不能互相影响。例如，某学校进行教学方法研究，比较两种教学方法 A 和 B 的好坏，要保证接受 A 方法教学的学生与接受 B 方法教学的学生互相独立，不互相影响；如果不能互相独立，两种方法互相影响，则最后无法证明测试成绩的差异是由于方法的不同。

1.2 统计学的重要性与应用

1.2.1 统计学的重要性

1. 统计学在决策与管理中的核心作用

统计学为决策者提供了一个强大的工具，使他们能够更加明智地做出决策。在现代社会，数据无处不在，无论是政府、企业，还是个人，在做决策时都依赖数据。统计学提供了一种方法，使人们能够从大量数据中提取有意义的信息。

统计学不仅能帮助人们监控和评估产品的性能，还使人们能够预测未来的趋势。例如，当某个产品的试验结果不符合预期时，统计学可以帮助人们确定问题的根源，从而采取合理的措施来纠正这些问题。此外，通过对试验结果的统计分析，人们还可以预测未来可能出现的问题，从而提前采取预防措施。

在组织管理中，统计学同样发挥着关键作用。它为管理者提供了所需的数据资料，使他们能够及时发现并解决存在的问题。例如，通过对员工满意度的调查数据进行统计分析，管理者可以了解员工的需求和期望，从而制定更有效的管理策略。

2. 统计学在科学研究中的独特价值

统计学在科学研究中的应用不仅仅局限于数据分析，还为研究者提供了一种方法，使他们能够验证假设、得出推断，并预测未来的趋势。例如，当研究者想要验证某种新的方法是否有效时，统计学可以帮助他们设计实验、分析数据，并得出结论。

统计学还为研究者从有限的数据中得出有关整体的推断提供了方法。在许多情况下，对每一个个体都进行研究是不现实的。这时，统计学就显得尤为重要，因为它使人们能够通过对样本的分析得出有关总体的推断。

统计学的应用领域十分广泛，从社会发展与评价，到电子商务，再到心理学研究，统计学都发挥着关键作用。它不仅帮助人们更好地理解现在，还使人们能够预测未来。

1.2.2　统计学的应用

绝大多数领域都要用到统计方法。随着大数据分析技术的发展，数据驱动管理决策的重要性日益凸显，统计学在社会经济及管理领域中的应用主要包括以下几个方面。

1. 明确企业发展战略规划和市场定位

企业发展战略规划是对企业未来发展方向和目标的明确指导。在制订企业发展战略规划的过程中，对宏观经济状况和发展趋势的了解至关重要。市场的每一个变化都可能影响到企业的决策和策略，因此要深入了解市场的动态变化，预测未来的市场趋势。同时，企业还需要找准市场定位。这样企业才能更好地利用自己的优势，避免或者减少劣势带来的影响。

在这两个方面，统计学都发挥着不可或缺的作用。统计不仅仅是对数据的收集和整理，更重要的是对数据进行科学分析和预测未来趋势。通过统计分析，企业管理者可以更加准确地了解市场的实际情况，预测未来的市场趋势，从而为做出决策提供有力的支持。例如，通过对过去的销售数据进行统计分析，企业可以了解到自己的产品在市场中的表现，从而判断自己的市场定位是否准确，了解产品的优势和劣势是什么。又如，通过对竞争对手的数据进行分析，企业可以了解竞争对手的战略和策略，从而为自己制订战略规划提供参考。

2. 市场调研

市场调研是企业获取市场信息、了解市场需求和变化的重要手段。在日益激烈的市场竞争中，只有充分了解市场的企业，才能够制定出合适的策略，从而在众多的竞争者中脱颖而出。市场调研涉及对大量的数据的收集和分析。这些数据可能来源于消费者的购买记录、竞争对手的销售数据或者是市场的整体趋势分析。收集好数据之后，需要进行科学分析，以便为企业提供有价值的信息。例如，通过对消费者购买记录的分析，企业可以了解到哪些产品受到消费者的欢迎，哪些产品的销售情况不佳，从而对产品线进行调整。

市场调研还可以帮助企业了解市场的整体趋势。在一个快速变化的市场环境中，今天的热门产品可能在明天就过时了。因此，企业需要不断地进行市场调研，以便及时捕捉市场的变化，从而调整自己的策略。统计分析在市场调研中起到了关键的作用。统计不仅可以帮助企业对大量的数据进行整理和分析，还可以为企业提供更有价值、更全面的市场信息。

3. 财务分析

财务分析是企业做出决策的依据，涉及对企业财务数据的深入挖掘和解读。在投资领域，对财务数据的分析尤为重要，因为它直接关系到投资的回报和风险。

对于企业而言，每一个投资决策的做出都需要基于对财务数据的分析。投资者在考虑是否对某个项目进行投资时，会对该项目的投资回报率及投资风险进行详细的分析。投资者通过对历史数据的统计分析，投资者可以预测项目的未来收益，从而做出更加明智的投资决策。

上市公司的财务数据是公众投资的关键参考数据。这些数据不仅反映了公司的经营状况，还为投资者提供了判断公司价值的依据。投资咨询公司会根据上市公司提供的财务数据，运用统计方法进行深入的分析，为投资者提供详细的参考信息。这些信息能帮助投资者了解公司的盈利能力、偿债能力、经营效率等，从而做出更加科学的投资决策。

财务分析不仅仅是对数据的简单计算，更是对企业经营活动的深入分析。通过对财务数据的分析，可以了解企业的经营状况、资金流动情况、盈利能力等关键信息。这些信息为企业管理者提供了决策的依据，帮助他们更好地把握企业的发展方向。财务分析报告也是投资者做出投资决策的重要依据。无论是对于企业的投资者来讲，还是对于公众投资者来讲，统计方法在财务分析中都是不可或缺的。它帮助人们从大量的财务数据中提取出有价值的信息，为投资决策提供了依据。

4. 经济预测

经济预测涉及对未来市场状况和宏观经济状况的预测。在这一过程中，统计信息和统计方法起到了关键作用。对于企业来说，对未来的市场状况进行准确的预测是至关重要的。这不仅关系到企业的生产计划，还直接影响到企业的盈利状况。为了做出准确的市场预测，企业需要进行市场调查，收集相关的市场数据。调查内容包括但不限于消费者的购买意向、竞争对手的市场策略以及宏观经济的整体状况。通过调查收集到这些数据后，企业需要运用统计方法对其进行分析，从而得出对未来市场状况的预测。

经济学家在进行宏观经济预测时，也会使用统计方法和大量统计信息。比如，在预测是否会发生通货膨胀时，经济学家会考虑生产价格指数、居民消费价格指数、失业率等多种因素。经济学家通过分析这些数据，可以对宏观经济状况产生直观了解。基于这些数据，经济学家会建立统计模型，通过模型对未来是否会发生通货膨胀进行预测。

无论是企业管理人员还是经济学家，在进行经济预测时都需要对统计数据进行严格的筛选和分析，因为统计数据的质量直接影响到预测的准确性，同时要选择合适的统计方法，这样才能确保预测的科学性和准确性。

5. 人力资源管理

人力资源管理涉及员工的招聘、培训、考核、晋升以及离职等各个方面。在这一过程中，统计方法起到了不可或缺的作用，可以帮助企业更加科学、合理地进行人力资源的管理和做出相关决策。

对于任何一个企业来说，员工都是其最宝贵的资产。为了更好地管理员工，企业需要对员工的各种信息进行深入的分析。这些信息包括员工的年龄、受教育程度、工资等。通过对这些数据的统计分析，企业可以了解到员工的整体年龄结构、员工的平均工资水平、员工的受教育程度等。这些信息为企业提供了决策依据，帮助企业更加合理地制订工资计划、奖惩制度以及其他相关的人力资源政策。

例如，通过对员工工资的统计分析，企业可以了解到工资的分布情况，从而判断工资制度是否合理、是否存在工资差距过大的问题。如果发现工资差距过大，企业可以及时调整工资制度，确保员工的工资与其工作表现相匹配，从而提高员工的工作积极性。

通过对员工的受教育程度进行统计分析，企业可以了解到员工的教育背景，从而为企业培训计划的制订提供参考。如果发现大部分员工的受教育程度较低，企业可以加大对员工的培训力度，提高员工的整体素质。除此之外，企业还可以采用统计方法，对员工的离职率、晋升速度等进行分析，从而为企业制定人力资源策略提供有力的支持。

6. 商业智能

商业智能是现代企业的关键工具，涉及从各种渠道获取数据，然后将这些数据转换格式后输入数据库，以便进行深入的分析和处理。这一过程不仅仅对数据进行了简单处理，还将数据转化为有价值的信息，为企业的管理决策提供强大的支持。

在日常运营中，企业会产生大量的数据，这些数据有各种不同的来源，如销售数据、客户反馈、市场调查等。为了更好地利用这些数据，企业需要对其进行抽取、转换和输入，确保数据的完整性和准确性。这一过程往往涉及复杂的技术手段，如数据清洗、数据集成等。

数据处理完成后，要对数据进行深入的分析和处理。在这一过程中，企业会利用各种数据挖掘技术，如聚类分析、关联规则、决策树等，对数据进行深入的挖掘，发现数据中隐藏的规律和模式。这些规律和模式为企业提供了有价值的信息，帮助企业更好地了解市场的变化、客户的需求等。

除了数据挖掘技术，商业智能还涉及联机处理工具的使用。这些工具可以帮助企业实现对数据的实时分析，为企业的决策提供支持。例如，当企业发现某一产品的销售额突然下降时，可以立即对相关数据进行分析，找出原因，从而及时调整策略。

统计学的应用不局限于以上提到的几个方面，因为几乎没有不用统计学知识的领域，有数据的地方大都会用到统计方法。

1.3　统计学软件工具概述

在当前数据驱动的决策环境中，各种统计学软件工具的作用日益重要。随着大数据时代的到来和分析技术的不断进步，这些工具已经成为人们进行统计分析不可或缺的助手。这些关键工具包括数据管理工具（如 SQL 数据库和 Apache Hadoop）、统计测试工具（如 R 语言和 SPSS）、机器学习和数据挖掘工具（如 TensorFlow 和 Scikit-learn）、时间序列分析工具（如 SAS 和 Stata）、可视化工具（如 Tableau 和 Power BI）以及大数据工具（如 Hadoop 和 Spark）。这些工具各具特色，共同构成了支持现代数据分析和决策制定的强大系统。本书将在下文详细介绍每种工具的功能和应用场景。

1.3.1　数据管理工具

数据管理工具专注于准备和处理数据，以便进行复杂的分析，为业务决策提供支持。数据管理工具的核心功能包括数据导入、清洗、转换和管理，每一个功能都是为了最大化数据的价值和确保信息的准确传达。

数据导入是数据管理的首要步骤，它涉及将不同来源和格式的数据移入一个统一的系统。在这个过程中，数据管理工具必须能够处理各种类型和来源的数据。有效的数据导入不仅仅是导入数据，更重要的是能够识别和整合来自不同数据源的信息，确保数据的完整性和一致性。

数据清洗是确保数据质量的关键环节。在现实世界中，数据往往包含错误、重复或不完整的信息。数据管理工具通过自动化的清洗过程，如删除重复记录、修正错误格式、填补缺失值等方法，增强数据的准确性和可用性。这一过程对于后续的数据分析至关重要，因为高质量的数据可以显著增强分析结果的可靠性和有效性。

数据转换是将原始数据转化为更适合分析的格式，包括数据标准化、范围调整以及生成衍生变量等操作。例如，日期和时间可能需要从一种格式转换为另一种更标准的格式，或者将文本格式转换为数字格式，以便进行机器学习处理。这些转换不仅使数据格式更加统一和标准化，还有助于揭示数据中隐藏的模式和关联。

数据管理涉及持续的数据维护和监控，以确保数据在其生命周期内保持高质量和相关性。ETL（extract-transform-load）工具是一种数据管理工具，允许使用者从多种分散的数据源中提取数据，并经过适当的转换和清洗，加载到数据仓库中。这样不仅支持了即时的业务分析和决策，还为长期的发展趋势分析和历史数据比较提供了基础。

1.3.2 统计测试工具

统计测试工具在数据分析中发挥着至关重要的作用，特别是在研究和商业分析领域。通过进行各种假设检验，这些工具可以帮助人们评估数据中观察到的模式是否具有统计显著性，从而使对总体特征的推断或对不同群体间差异的比较更具可靠性。

假设检验是统计推断的基础，它允许研究者设定一个假设（通常是关于总体参数的陈述），然后使用样本数据来检验这一假设是否成立。统计测试工具提供了多种检验方法，以适应不同类型的数据和问题。

t 检验是最常用的统计方法之一，适用于比较两组数据的均值是否存在显著差异。这种测试特别适用于样本量较小且数据分布接近正态分布的情况。通过计算 t 统计量并与特定的分布（如 t 分布）进行比较，人们可以判断两组数据是否有显著差异，并以此判断是否拒绝原假设。

方差分析（analysis of variance，ANOVA）是用于处理三组及三组以上数据的工具，可以用来评估多个群体的平均数是否存在显著差异。它是研究设计中常见的工具，特别是在处理分类变量对连续变量的影响时。ANOVA 能够分析一个或多个自变量对一个因变量的影响，帮助人们理解变量间复杂的相互作用。

对于不符合常规参数测试假设的数据，可以采用非参数检验。非参数检验适用于数据分布不满足正态分布或样本量较小的情况。常见的非参数检验，如威尔科克森符号秩检验和克鲁斯卡尔－沃利斯检验，对数据排名而非数据值本身进行分析，对数据分布没有严格要求。

统计测试工具的应用范围极广，从医学研究到市场分析，从心理学实验到经济模型评估，都离不开统计测试工具的支持。通过这些工具，人们可以更准确地验证研究假设，评估变量间的关系，并根据数据分析结果做出决策。在商业分析中，这些工具可以帮助企业找到影响企业经营管理效率的关键因素，从而帮助企业优化策略，提高效率。

1.3.3　机器学习和数据挖掘工具

机器学习和数据挖掘工具是现代数据分析的重要工具，它们使用复杂的算法从大规模数据集中自动识别模式和数据之间的关联。这些工具的开发和应用标志着数据分析能力从传统的统计分析向动态分析、预测性的分析转变。通过应用这些工具，企业和研究机构能够洞察未来趋势、优化决策过程和更好地理解客户行为。

决策树是一种常见的机器学习算法，模拟决策过程，以生成预测模型。通过从数据中学习决策规则，决策树可以帮助分析师确定变量之间的关系并预测结果。决策树的优势在于其易于理解和解释，使非专业人士也能较为容易地把握模型的决策逻辑。决策树广泛应用于风险评估、客户分类等方面，可以为企业提供明确的操作指引。

神经网络是受人脑结构的启发研究出来的，是一种强大的机器学习算法，适用于处理复杂的非线性问题。通过模拟神经元的连接和相互作用，神经网络能够从数据中学习深层次的模式和特征。这种工具在图像识别、语音识别、自然语言处理等方面表现出色，能够处理大量且高维的数据集，提供高度精确的预测结果。

支持向量机（support vector machine, SVM）是另一种有效的机器学习方法，它通过在数据中找到一个最优的边界来区分不同的类别。SVM特别适用于分类问题，如判断邮件是否为垃圾邮件或者医疗图像分析。该算法在高维空间表现优异，能够处理那些特征数量远超样本数量的情况。

聚类分析是一种数据挖掘技术，用于识别具有相似特征的数据点，并将它们聚集在一起。聚类分析可以帮助企业理解数据的内在结构，常用于进行市场细分；可以帮助企业根据消费者行为或偏好，对消费者进行分类；可以帮助企业找准市场定位，更有效地制定营销策略。

1.3.4　时间序列分析工具

时间序列分析工具是数据分析中专门用于处理和分析随时间变化的数据序列的重要工具。这类数据包括连续记录的任何变量，如每日的股票价格、每月的降水量或每季的经济增长率。时间序列分析工具通过一系列专业的技术和算法，使人们可以捕捉数据中的时间依赖性特征，进行趋势分析、季节性调整和预测建模。

趋势分析是时间序列分析的基础，目的是识别数据或事件中的长期趋势。通过趋势分析，可以确定数据集中是否存在上升或下降的长期趋势，这对于经济学分析和商业分析尤为重要。例如，通过分析消费者价格指数（consumer price index, CPI）的时间序列数据，经济学家可以观察到通货膨胀的长期趋势，从而帮助政府制定相应的经济政策。

季节性调整则用于处理数据中的季节性波动问题，这类波动通常由季节性因素，如假日效应或气候变化引起。季节性调整的目的是消除这些规律性波动的影响，以便更清晰地看到数据的其他变化趋势。在金融市场分析中，季节性调整可以帮助分析师更准确地评估股票或商品的真实表现，而不受季节性购买行为的干扰。

预测建模是时间序列分析中最为复杂、最有价值的部分。人们可以利用历史数据建立模型，预测未来一段时间内数据的走势，这在金融市场和气象学中尤为重要，如利用历史数据，气象学家可以预测未来的天气变化，金融分析师则可以预测股票价格的走势。预测模型通常包括自回归模型（autoregressive model, AR）、移动平均模型（moving average model, MA）、自回归滑动平均模型（autoregressive moving average model, ARMA）及其扩展模型，如自回归积分滑动平均模型（autoregressive integrated moving average model, ARIMA）。

在应用这些工具时，分析师必须考虑到时间序列数据的特殊性，如数据的非平稳性、季节性等。处理这些数据时，模型选择和参数调整至关重要，因为这将直接影响预测的准确性和分析的有效性。

1.3.5　可视化工具

当下，数据的规模不断扩大，复杂性在迅速增强，处理这些数据并从中提取有价值的信息是一个很大的挑战。这就是数据可视化工具发挥作用的地方。这些工具将复杂的数据转变为直观的图形，使人们能够更容易地理解、解释和分享他们的发现。

数据可视化技术的一个主要优势是可以将大量的数据简化为易于理解的图形。例如，通过使用不同颜色、大小和形状的元素，研究人员可以在一张图中表示数千个数据点，而不是使用占幅数页的数字。这种方法不仅节省了时间，还能帮助研究人员快速找到数据中的模式和异常值。

图表是最常用的可视化工具之一，可以表示数据的分布、趋势和关系。例如，散点图可以显示两个变量之间的关系，柱状图可以显示数据的分布，而折线图可以显示数据随时间的变化。这些图表使人们能够在一个视图中看到多个数据维度，从而更容易地识别和解释模式。

除了传统的图表外，还有许多专门为某一领域数据分析而设计的可视化工具。例如，在基因组数据分析中，基因组浏览器允许研究人员在染色体上导航，查看变异和其他特征的位置；热力图可以显示基因或蛋白质之间的相互作用；圈图可以显示基因组的大段结构变异，如重复、删除和倒位。

地图也是一种强大的可视化工具，通过将数据与地理位置相结合，研究人员可以更容易地看到某种现象的地理分布情况。

随着技术的进步，现代的可视化工具变得越来越先进，许多工具支持交互功能，允许研究人员放大、缩小、滚动和筛选数据。这种交互性使研究人员能够更深入地挖掘数据，发现之前可能被忽略的细节。

1.3.6　大数据工具

随着研究的发展，许多领域的数据量正在爆炸式增长。这些数据的规模和复杂性超出了传统计算工具的处理能力，因此大数据工具成了处理这些数据的重要工具。

大数据工具的核心优势在于其能够在分布式计算环境中高效地处理、分析和存储大型数据集。大数据工具不是在单一的计算机上处理数据，而是将数据分割成小块，在多台计算机上并行处理。这种分布式处理方式大大加快了数据分析的速度，使得对超大规模数据的实时分析成为可能。

例如，Hadoop 和 Spark 是两种广泛使用的大数据框架，它们都支持分布式数据处理。Hadoop 的核心是其分布式文件系统，它可以存储和处理 PB 级别的数据；而 Spark 则提供了一个快速的数据处理平台，特别适用于需要多次迭代的复杂分析任务。这些大数据工具常被用来执行各种任务。例如，在基因组学中，用来进行基因组序列比对、变异检测、基因表达分析。例如，研究人员可以使用这些工具快速地分析数据，并识别出可能与某种疾病或性状相关的变异。

除了基因组序列数据外，大数据工具还可以处理其他类型的生物数据，如蛋白质互作网络、代谢组数据和转录组数据。这些数据通常都是高维度的，包含了大量的变量和观测值。大数据工具可以帮助研究人员从这些数据中提取有价值的信息，如生物过程的模式、基因和蛋白质之间的相互作用关系，以及生物分子的功能。

随着个人基因组测序的发展，医疗领域的数据量也在迅速增长，大数据工具在其中发挥着关键作用。大数据工具可以帮助医生和研究人员分析患者的基因组数据，以识别疾病风险，制订个性化治疗方案和监测疾病进展。

统计学软件工具的选择和应用取决于特定的研究目标和数据类型。随着技术的进步，这些工具不断被优化和更新，以满足日益增长的数据分析需求。

第 2 章　数据处理与基础统计分析

在当今信息时代，数据已成为决策的核心和推动发展的关键因素。本章深入探讨了数据的收集、处理和统计分析的重要性。首先，本章介绍了数据的来源与类型，介绍了如何使用各种软件工具进行数据清洗、转换、标准化和缺失值处理。其次，本章在描述性统计分析部分详细介绍了如何使用软件工具进行中心趋势、离散程度和数据分布形状的度量。最后，本章探讨了假设检验的重要性，并介绍了如何选择合适的软件工具进行各种假设检验。

2.1　数据收集与处理

在当今的数据驱动时代，数据收集与处理已成为数据分析的核心环节。随着技术的进步，出现了大量可高效收集、清洗和处理数据的工具和软件。这些工具不仅简化了数据处理的流程，还确保了数据的准确性和完整性。正确的数据处理方法可以为研究提供有力的支持，确保得出的结论既科学又可靠。此外，随着大数据和机器学习技术的发展，数据处理的重要性日益增强，为统计学家和数据科学家带来了更多的机会和挑战。本章将深入探讨数据收集与处理的各个方面，以及如何利用现代软件工具有效进行数据处理。

2.1.1　数据来源与类型

在数据分析中，数据的来源和类型是至关重要的。数据来源指数据的原始出处，而数据类型则描述了数据的性质和特征。

1. 数据来源

在当今的数字化时代，数据已经成为各个行业和领域的核心。数据来源是数据生成或收集的地方，它为人们提供了宝贵的信息。例如，百度统计是一个在国内广泛使用的在线分析工具，为公司提供了关于网站访问者行为的详细数据。这种工具允许用户深入了解访问者的来源、他们浏览网页花费的时间、访问的页面，以及他们与网站内容的互动方式。这些数据可以帮助公司了解其在线策略的实施效果，从而做出更明智的商业决策。

数据不仅来源于在线工具，还来源于其他各种各样的渠道，包括社交媒体、客户关系管理系统、销售和市场调查和公共数据库等。每个数据来源都有其特点和优势，选择合适的数据来源对于确保数据质量至关重要。

百度统计作为数据来源，一个主要优势是其能够实时跟踪和更新数据。这意味着公司可以实时监控其网站的性能，快速识别任何问题或机会，并迅速做出反应。此外，百度统计还提供了一系列的工具和功能，使用户能够深入分析数据，做出更理智的决策。

仅仅收集数据是不够的，为了从数据中获得有价值的信息，还需要对其进行适当的处理和分析。这就需要使用到统计学软件工具，这些工具可以帮助用户更有效地管理、分析和解释数据。

2. 数据类型

数据类型描述了数据的性质。例如，数据源类型有费用数据、商品数据和用户数据。对于不同的数据源类型，可以选择使用不同的维度和指标进行上传。在创建数据源时，需要定义数据的结构，包括数据的组织方式等。简单的结构由一个键维度和一个导入维度或指标组成。为了导入数据，分析工具会在事件数据中查找与所上传数据中的键值相匹配的键值。找到匹配的键值后，分析工具会将与该键相关联的其他维度和指标值添加到现有事件数据中。

数据的来源和类型影响数据的质量，从可靠的数据来源收集的数据更可能是准确的和可靠的，而数据的类型则决定了如何处理和分析这些数据。例如，数值数据可以进行数学计算，而文本数据则可能需要进行文本分析。

2.1.2　使用软件进行数据清洗

数据清洗是数据预处理的一个关键步骤，指从原始数据中检测、纠正（或删除）错误和不一致的数据，以提高数据的质量。随着大数据时代的到来，数据清洗变得尤为重要，因为数据的质量直接影响到数据分析的结果。使用专门的软件工具进行数据清洗，可以大大提高效率和数据的准确性。

1. 软件工具的选择

市场上有许多数据清洗软件工具，如 Pandas（Python）、Excel、OpenRefine、Trifacta 等。选择哪种工具取决于数据的大小、类型和清洗的复杂性。例如，对于大型数据集，Pandas 或 Trifacta 可能更为合适；而对于较小的数据集，Excel 或 OpenRefine 可能更为方便。

2. 数据清洗的常见步骤

（1）缺失值处理。在数据分析过程中，经常会遇到数据集中存在缺失值的问题。出现缺失值可能有多种原因，如数据收集过程中的错误、设备故障、数据传输中的丢失等。有时，某些调查问卷中的问题可能不适用于所有受访者，导致某些数据项为空。缺失值不仅会影响数据的完整性，还可能对后续的分析和建模产生不良影响。例如，计算平均值时，缺失值可能会导致结果偏低或偏高。此外，许多机器学习算法在处理含有缺失值的数据时会出现问题或产生误导性的结果。

为了解决这些问题，研究者采用了多种缺失值处理方法。最简单的方法是直接删除含有缺失值的行或列，但这可能导致数据量大幅减少。另一种常见的方法是使用某个固定值、平均值、中位数或众数来填充缺失值。对于连续变量，如年龄，可以使用平均值或中位数进行填充；对于分类变量，如性别，可以使用众数进行填充。此外，还可以使用其他变量来预测缺失值，如使用线性回归、决策树或其他机器学习算法。对于时间序列数据，还可以使用插值法来估计缺失值。

Pandas 是 Python 中的一个强大的数据处理库，提供了丰富的缺失值处理工具。例如，可以使用 isnull() 函数检查数据中的缺失值，使用 dropna() 函数删除含有缺失值的行或列，使用 fillna() 函数填充缺失值。处理缺失值是数据预处理的关键步骤，选择合适的处理方法可以大大提高数据分析和建模的准确性。Pandas 等工具为数据科学家提供了方便的缺失值处理方法，使缺失值处理变得更为简单和高效。

（2）异常值检测。异常值检测在数据分析中是十分重要的，因为它可能会对分析结果产生重大影响。异常值与数据集中的其他值相比，通常会显得非常不同，因此可能会对统计结果的准确性产生影响。例如，一个异常高的销售额可能会导致平均销售额显著增加，从而影响人们对销售趋势的判断。因此，检测并处理异常值是数据预处理的关键步骤。

异常值的产生可能有多种原因，有时它们可能是真实的、有效的数据点，反映了某种罕见但重要的事件；有时它们可能是由测量错误、数据输入错误或其他偶然因素造成的。因此，当检测到异常值时，先要确定它们的来源，然后决定如何处理它们。

软件工具为数据科学家提供了方便的方法来检测异常值。例如，使用 Pandas 的 describe() 函数，可以快速查看数据的统计摘要，如最小值、

25% 分位数、中位数、75% 分位数和最大值。这些统计值可以帮助人们识别那些远离中心趋势的值。此外，箱线图和散点图也是检测异常值的常用工具，它们可以直观地显示数据的分布情况。

识别到异常值后，可以采取多种策略进行处理。如果确定异常值是由错误造成的，可以直接删除它们或用其他值替换；如果异常值是真实的数据点，但可能会对分析产生不良影响，可以考虑对数据进行转换或使用鲁棒的统计方法。

（3）数据转换。数据转换是数据处理的核心环节，是将数据从一种形式或结构转换为另一种形式或结构。在实际的数据分析中，原始数据往往不能直接用于分析。它们可能来自不同的数据源，有不同的格式或单位，或者包含不相关的信息。为了使数据更有价值、更易于分析，通常需要进行一系列的转换操作。例如，某机构对全球销售数据进行处理时，考虑到这些数据可能来自世界各地的不同分支机构，每个分支机构可能使用不同的货币单位报告销售额，为了进行分析，需要将所有的销售数据的单位转换为统一的货币单位，如美元，这就需要考虑汇率转换以及可能的汇率波动。又如，日期是数据分析中常见的数据类型，但在实际数据中，日期可能以多种格式存在。为了进行时间序列分析或其他与日期相关的分析，这些日期需要转换为统一的、标准的日期格式。此外，字符串格式的日期需要转换为计算机可以识别和处理的日期格式，以便进行日期运算。

数据转换不仅仅是格式或单位的转换，还涉及更复杂的操作，如数据规范化、标准化和离散化。规范化是将不同类型、不同范围的数据转换为一种统一的格式，使其更易于比较或分析；标准化是将数据转换为均值为 0、标准差为 1 的分布，这在某些统计分析中是必要的；离散化涉及将连续数据转换为离散数据，这在某些机器学习算法中是必要的。

（4）数据去重。数据去重是数据预处理中的一个关键步骤，指识别和删除数据集中的重复条目。重复的数据条目可能是由数据输入错误、数据合并或其他数据集成活动造成的。无论是何种原因，重复的数据条目都可能导致数据分析出现偏差，从而影响数据分析的结果和决策。

在实际的数据处理中，识别重复数据并不总是那么容易。有时，数据可能在大部分字段上是相同的，但在某些关键字段上存在微小的差异。这种情况下，需要定义"重复"的标准，并据此进行操作。此外，有时可能需要考虑数据的时间戳或其他上下文信息，以确定哪些条目应该被视为重复。

一旦确定了重复的数据条目，就可以使用各种工具和技术去重。例如，Pandas 是一个流行的 Python 数据处理库，它提供了 drop_duplicates() 函数，可以轻松删除重复的行。此外，许多数据库系统也提供了去重功能，允许用户在查询数据时删除重复的记录。

然而，删除重复的数据条目并不总是最佳的策略。在某些情况下，可能需要合并重复的数据条目，以便捕获所有相关的信息。例如，如果两个重复的记录分别包含了一些不同的信息字段，那么合并这两个记录可能比简单地删除其中一个更有意义。

数据去重不仅可以提高数据质量，还可以提高数据分析的效率。处理重复数据会浪费计算资源，还可能导致不必要的存储开销。通过去重，可以确保数据集更加紧凑，从而加速数据查询和分析过程。

（5）数据标准化。数据标准化是数据预处理中的一个至关重要的步骤，它确保了数据在分析、建模和解释时的一致性和可比性。在实际的数据集中，由于多种原因，如数据来源、数据输入习惯或系统差异，数据往往有不同的格式或度量单位。这种不一致性可能会影响最终的结论和决策。

数据标准化的目的是将数据格式转换为统一的、标准的格式，使其更容易进行比较和分析。这通常需要先确定一个标准，然后将所有的数据都根据这个标准进行转换。例如，如果要标准化一个包含全球销售数据的数据集，可能需要选择一个统一的货币单位，如美元，然后将所有使用其他货币单位的销售额的单位转换为美元。

除了数值数据，文本数据也经常需要标准化。例如，用户输入的数据可能存在语法不一致等情况。在这种情况下，标准化指的是将所有文本转换为小写、修正拼写错误或使用统一的术语和词汇。

数据标准化的另一个常见应用是特征缩放，这在许多机器学习算法中是必要的。特征缩放指将所有数据特征转换到同一量纲下或某个特定区间内，通常是 0 到 1 之间或 –1 到 1 之间。这确保了在模型训练过程中，所有特征都有相同的权重和重要性。

数据标准化可以大大提高数据分析的准确性和效率，它确保了数据的一致性，使数据便于进行分析和解释。此外，标准化的数据也更容易与其他数据集或系统集成，从而提高数据的可用性和价值。

2.1.3　数据转换与标准化的软件工具

在数据处理和分析中，数据转换与标准化是不可或缺的环节，可以确保数据的准确性、一致性和有效性。

数据转换指将数据从一种格式或结构转换为另一种格式或结构。例如，将非结构化的文本数据转换为结构化的表格数据，将日期从一种格式转换为另一种。例如，阿里云的 MaxCompute（原名 ODPS）是一个大规模数据处理平台，提供了强大的数据转换功能，可以帮助用户轻松地转换大量的数据。

数据标准化使数据有统一的量纲或范围，使其更容易进行比较和分析。例如，将所有的货币值的单位转换为人民币，将所有的温度值的单位转换为摄氏度。标准化后的数据的单位更加统一，可提高数据分析的准确性。

在我国，除了 MaxCompute 之外，还有许多其他数据处理和转换工具。例如，腾讯云的数据湖计算（date lake compute, DLC）可提供无服务器的数据分析服务，可以帮助用户轻松实现对数据的查询和分析，而无须进行任何数据转换。此外，百度智能云的 Spark SQL 也提供了丰富的数据转换和处理功能，支持实时流数据处理和批处理。为了支持数据标准化，许多软件工具还提供了数据清洗功能。例如，Data Works 是阿里云提供的一种数据开发和管理平台，提供了丰富的数据清洗和标准化功能，可以帮助用户轻松实现对数据的预处理。

2.1.4 缺失值处理的软件应用

缺失值处理是数据预处理中的一个重要环节，主要是处理数据集中的不完整或缺失的数据。在实际应用中，数据缺失是很常见的，可能是因为数据采集时出现错误、设备发生故障、数据传输中丢失等。缺失值的处理对于数据分析、机器学习和统计建模都至关重要，因为不恰当的处理可能会导致分析结果出现偏差或误差。

1. 软件应用

随着技术的发展，许多软件和工具可帮助用户处理缺失值。以下介绍一些常用的软件和它们处理缺失值的方法。

（1）R 语言。R 语言是一种广泛应用的统计编程语言，提供了多种处理缺失值的方法。例如，na.omit() 函数可以用来删除含有缺失值的行，而 imputeTS 包提供了时间序列数据的缺失值插补方法。

（2）Python。Python 的 Pandas 提供了处理缺失值的功能。例如，

Pandas 中的 dropna() 函数可以删除含有缺失值的行或列，而 fillna() 函数可以用来填充缺失值。

（3）MATLAB。 MATLAB 提供了 rmmissing() 函数来删除含有缺失值的行或列，提供了 fillmissing() 函数来插补缺失值。

（4）SPSS。 SPSS 是一种统计软件，提供了多种缺失值处理方法，如均值插补、回归插补等。

（5）Excel。Excel 的数据工具中有处理缺失值的功能，用户可以删除或插补缺失值。

2. 处理方法

处理缺失值的方法可以分为以下几类。

（1）删除法。删除法，顾名思义，是直接删除含有缺失值的行或列的方法。这种方法的主要优点是简单易行，不需要复杂的计算或估计，只需使用简单的编程命令或软件功能，就可以快速删除含有缺失值的行或列。但是，删除法也有明显的缺点。①直接删除数据可能会导致大量的信息丢失，特别是当数据集中有大量的缺失值时，直接删除数据可能会导致数据分析的结果不准确。例如，如果某个关键变量的大部分数据是缺失的，这时人们选择删除这些数据，那么数据分析的结果可能不再具有代表性。②如果缺失值不是完全随机的，而是由某些潜在的原因导致的，那么直接删除这些数据倾向于会导致偏差和误解。例如，如果在某项调查中，某个特定群体的人更倾向于不回答某个问题，那么删除这些缺失值可能会导致这个群体在数据分析中被低估或忽略。③在某些情况下，删除大量的数据可能会导致样本量不足，从而影响到分析的准确性和可靠性。

（2）均值插补、中位数插补、众数插补。处理缺失值是数据分析中的一个关键步骤，因为不处理缺失值可能会导致分析结果的偏差。均值插补、中位数插补和众数插补是处理缺失值的常见方法。

均值插补是最常用的方法之一，需要计算变量的平均值，并用这个值来填充所有的缺失值。这种方法的优点是简单且快速，但它可能不适用于所有数据集。如果数据集中存在极端值或异常值，均值可能会受到影响，从而导致填充的数据不准确。中位数是将数据集排序后位于中间位置的数，与均值相比，较少受异常值或极端值的影响。因此，使用中位数插补可以确保填充的数据更加稳定和可靠，特别是在数据分布不均匀或偏斜的情况下。众数是数据集中出现次数最多的数值。对于分类变量或离散变量，众数插补是一个很好的选择。例如，一个关于人们最喜欢的颜色的调查中有一些缺失值，可以使用众数（最受欢迎的颜色）来填充这些缺失值。

尽管均值插补、中位数插补和众数插补是处理缺失值的简单方法，但它们也有局限性。首先，这些方法都基于一个假设，即缺失值是完全随机的。如果缺失值是某种系统性的原因导致的，那么这些方法可能就不适用了。其次，这些方法可能不适用于时间序列数据或其他需要考虑时间因素的数据。总的来说，均值插补、中位数插补和众数插补提供了快速、简单的处理缺失值的方法，但在使用这些方法之前，应该仔细考虑数据的特性和出现缺失值的原因。

（3）基于模型的插补。基于模型的插补方法为处理缺失值提供了一种更复杂但往往更准确的策略。与简单地用均值、中位数、众数插补相比，基于模型的插补考虑了数据中的其他变量，从而能更合理地估计缺失值。

在基于模型的插补中，通常会选择一个合适的统计模型，如线性回归、决策树或随机森林，然后使用完整的数据条目来训练这个模型。一旦模型被训练好，就可以用来预测缺失值。例如，一个数据集中一个变量有缺失值，而其他变量是完整的，这时可以使用完整的变量作为输入，缺失的变量作为输出，来训练一个回归模型，然后用这个模型来预测缺失值。

这种方法的优点是可以考虑到数据之间的复杂关系，从而更准确地估计缺失值，而且由于它是基于模型的，可以很容易地应用于大型数据集。然而，这种方法也有其局限性。首先，它需要足够的完整数据来训练模型。如果大部分数据都是缺失的，那么采用这种方法预测的缺失值可能不太准确。其次，如果选择的模型不能很好地捕捉数据中的关系，那么预测的缺失值可能会不准确。

（4）多重插补。多重插补是处理缺失值的一种先进技术，它不是为缺失值提供一个估计值，而是为缺失值提供多个估计值。这种方法的核心思想是人们无法确定缺失值的真实值，所以最好为其提供一系列可能的值，而不是一个固定的值。

在进行多重插补过程中，首先使用合适的统计模型为缺失值生成一个插补值，然后多次重复这个过程，得到多个稍微有些不同的插补值。这样就得到了多个完整的数据集，每个数据集都有其自己的插补值。人们可以对这些数据集分别进行分析，然后将结果合并，从而获得一个综合的、考虑了不确定性的分析结果。

多重插补的优点是它考虑到了插补的不确定性，从而提供更为可靠的分析结果。此外，它生成了多个数据集，因此可以使用标准的统计方法进行分析，而不需要特殊的技术来处理缺失值。然而，这种方法也有其局限性。首先，它需要更为复杂的计算，因为需要对多个数据集进行分析。其次，选择合适的统计模型和插补次数是一个挑战，需要根据具体的数据和研究目的来确定。

2.2　描述性统计分析

描述性统计分析是数据分析的基石，它为人们提供了数据的总体概览，帮助人们理解数据的基本特征和分布。通过使用专业的统计软件，可以轻松度量数据的中心趋势、离散程度和分布形状等关键指标。此外，这些软件还提供了丰富的图形工具，使人们能够直观地展示和解释数据的特性，从而为后续的深入分析和做出决策提供有力的支持。

2.2.1　使用软件进行中心趋势的度量

中心趋势是描述数据集中值的位置或中心点的统计度量。它是数据分析的基础，可以帮助人们了解数据的总体特征。常见的中心趋势度量包括均值、中位数和众数。在实际应用中，人们通常使用统计软件来计算这些值，以确保准确性和效率。

1. 均值

均值是所有数据值的总和除以数据值的数量。它是最常用的中心趋势度量，但其容易受到极端值的影响。其计算方法如下：

$$\bar{x} = \frac{\sum\limits_{i=1}^{n} x_i}{n}$$

其中，$\bar{x}$ 为均值；n 为数据值的总数；x_i 为第 i 个数据值。

2. 中位数

中位数是将数据集按大小顺序排列后位于中间位置的值。如果数据集有奇数个值，中位数是中间的那个值；如果有偶数个值，中位数是中间两个值的平均值。中位数不受极端值的影响，因此在数据分布不均匀时，它是一个更稳定的中心趋势度量。

3. 众数

众数是数据集中出现次数最多的值。数据集可以有一个、多个众数，也可以没有众数。众数是描述分类数据或非连续数据的中心趋势的最佳选择。

在数据分析中，中心趋势的度量为人们提供了数据集的总体概览，这一度量的重要性不言而喻。随着技术的不断进步，统计软件已经逐渐成为进行此类任务的首选工具。统计软件的主要优势在于其准确性高、效率高、灵活性强和综合性强。在处理大规模数据时，统计软件能够确保每一步的计算都是准确无误的，从而避免了因手工计算中的微小错误而导致的结果偏差。这种高度的准确性在处理大型数据集时尤为关键，因为在处理大型数据集时，任何小的计算错误都可能被放大。除了准确性，统计软件还展现出了令人难以置信的效率。对于大型数据集，手工计算可能会非常耗时，而统计软件能够在短时间内自动完成这些计算，为人们节省宝贵的时间，使他们可以更加专注地进行数据分析和解释。统计软件的另一个显著特点是其具有灵活性。考虑到不同的数据集可能需要不同的中心趋势度量方法，大多数统计软件提供了丰富的度量选项，如均值、中位数和众数等，满足了用户的多样化需求。

在实际应用中，选择哪种中心趋势度量取决于数据的分布和研究的目的。例如，如果数据分布是对称的，均值、中位数的数值的大小可能很接近；但如果数据分布是偏斜的，均值可能会受到极端值的影响，而中位数和众数可能更能反映数据的真实中心。

2.2.2 度量数据的离散性

在描述性统计分析中，数据离散性的度量是至关重要的，其提供了量化数据值之间差异的指标，帮助研究者评估数据集内部数据值之间的差异程度。本节将深入探讨离散性的度量方法，包括方差、标准差、范围和四分位距等，并讨论如何使用统计软件来计算这些指标。离散性反映了数据集中各数据点的分布情况。通过量化数据点之间的差异，研究者可以更好地理解数据集的特性，包括数据集的稳定性和一致性。例如，低离散性意味着数据点相对集中，而高离散性则意味着数据点分布较广。在实际研究中，离散性度量对于识别异常值、评估数据集可靠性以及比较不同数据集或子集间的差异具有重要意义。

度量数据离散性的基本方法如下。

1. 方差

方差是衡量数据离散性的基本统计量，反映了数据点与均值的平均偏差。计算公式如下。

$$\sigma^2 = \frac{1}{n}\sum_{i=1}^{n}\left(x_i - \bar{x}\right)^2$$

其中，σ^2 为方差；x_i 为数据点；$\bar{x}$ 为数据集的均值；n 为数据点的总数。

2. 标准差

标准差是方差的算术平方根，是衡量数据分布离散程度的常用指标之一。其计算公式为

$$\sigma = \sqrt{\sigma^2} = \sqrt{\frac{1}{n}\sum_{i=1}^{n}\left(x_i - \bar{x}\right)^2}$$

其中，σ 为标准差；n 为样本中观测值的总数；x_i 为样本中第 i 个观测值；$\bar{x}$ 为样本的均值。

3. 范围

范围指数据集中最大值与最小值之间的差值，计算范围是最简单的度量离散程度的方法。它的计算公式为

$$R = x_{\max} - x_{\min}$$

其中，R 为范围；$x_{\max}$ 为数据集中的最大值；$x_{\min}$ 为数据集中的最小值。

4. 四分位距

四分位距反映了数据集中间 50% 数据的离散程度，计算公式为

$$IQR = Q_3 - Q_1$$

其中，IQR 为四分位距；Q_3 为第三四分位数，即将数据集从小到大排列后位于 75% 位置的值；Q_1 为第一四分位数，即将数据集从小到大排列后位于 25% 位置的值。

通过使用统计软件，可以快速进行离散性度量。例如，SPSS 提供了用户友好的界面和强大的功能，用户只需几步操作，就可以获得所求的统计量，如方差、标准差、范围等。又如，R 语言是用于数据分析的强大工具，通过简单的函数调用，即可完成对数据离散性的度量，如 var() 函数用于计算方差，sd() 函数用于计算标准差，而 IQR() 函数则用于计算四分位距。再如，Python 通过 Pandas 库提供了丰富的数据处理功能，用户通过使用 Pandas，可以轻松计算标准差、方差、范围和四分位距等统计量。

总之，离散性度量是描述性统计分析中不可或缺的一部分，它帮助研究者量化数据集内数据值之间的差异。通过使用 SPSS、R 语言和

Python 等统计软件，人们不仅可以提高离散性度量的效率和准确性，还可以深入了解数据的特性，为后续的数据分析和做出决策提供坚实的基础。

2.2.3　数据分布的形状的软件分析

数据分布的形状是统计学中的一个重要概念，它描述了数据集中的数据点如何分布。数据分布的形状可以帮助人们了解数据的特性，如数据的集中趋势、分散程度等，因此在实际应用中，对数据分布的形状进行分析是非常有必要的。

1. 数据分布的基本形状

数据分布的形状可以分为以下几种基本类型。

（1）均匀分布。数据点在整个范围内均匀分布，没有明显的集中趋势。例如，掷一枚均匀的骰子，每个数字出现的概率都是 1/6。

（2）正态分布，也称为高斯分布或钟形曲线，数据点以均值为中心，左右两侧对称。正态分布的数学表达式为

$$f(x) = \frac{1}{\sigma\sqrt{2\pi}} \exp\left(-\frac{(x-\mu)^2}{2\sigma^2}\right)$$

其中，$f(x)$ 为 x 处的概率密度；x 为随机变量的值，可以是任何实数；μ 为正态分布的均值（或期望值），决定了分布的中心位置；σ 为标准差，用于衡量数据分布的离散程度。

（3）偏态分布。数据点在一侧集中，在另一侧分散。偏态分布可以进一步分为正偏态和负偏态，正偏态表示数据的右侧尾部较长，而负偏态表示数据的左侧尾部较长。

2. 软件分析工具

随着技术的发展，有许多软件工具可以帮助人们分析数据分布的形状。例如，R 语言、Python、MATLAB、SPSS 等。这些软件提供了丰富的统计和图形功能，可以帮助人们更好地分析数据。

（1）R 语言是一种广泛使用的开源编程语言和软件环境，专门用于数据分析和数据可视化。R 语言起源于 20 世纪 70 年代的 S 语言，随着时间的推移，逐渐发展成一个功能强大的工具，拥有一个活跃的社区和大量的扩展包，这些扩展包为各种统计分析和数据可视化提供了支持。首先，R 语言具有灵活性，支持简单的数据分析，也支持复杂的通过构建模型来进行的数据分析。此外，R 语言具有强大的图形绘制功能，用户可以使用基础图形绘制功能创建简单的图表，也可以使用 ggplot2 等扩展包创建复杂的数据可视化图表。这使得 R 语言成了数据科学家和研究者的首选工具，他们可以使用 R 语言来探索数据、识别模式并分享他们的发现。其次，R 语言具有开放性。R 语言的开源特性意味着任何人都可以查看其源代码，修改并为 R 语言的发展作出贡献。这种开放性鼓励用户参与 R 语言的发展，这个社区不断地为 R 语言创建新的扩展包，以满足各种统计和数据分析的需求。最后，R 语言具有与其他工具和平台集成的能力。无论是数据库、地理信息系统还是 Web 应用程序，R 语言都可以与之无缝集成，这使得 R 语言不仅仅是一个统计工具，还是一个全面的数据分析平台。

（2）Python 作为一种通用的高级编程语言，近年来已经成为数据科学和机器学习领域的首选工具，其简单的语法和强大的功能使其在全球范围内受到了广泛的欢迎。Python 的成功在很大程度上归功于其庞大的开源社区，这个社区为 Python 提供了大量的库和框架，使其能够应对各种数据分析的挑战。其中，NumPy 是 Python 中用于数值计算的核心库。它提供了高效的多维数组对象和一系列与之相关的操作，包括数学、逻辑、形状操作、排序、选择、离散傅立叶变换、基本线性代数、基本统计运算和随机模拟等。而 Pandas 是一个为 Python 编程语言提供的高性能、易于使用的数据结构和数据分析工具。它提供了 Data Frame 对象，使得数据操纵变得简单。无论是数据清洗、转换还是聚合，Pandas 都能够提供强大的支持。另外，Matplotlib 是 Python 中最受欢迎的绘图库之一。它提供了丰富的绘图工具，使得用户可以轻松地创建各种静态、动态或交互式的图表。无论是简单的折线图、柱状图、散点图，还是更复杂的等高线图、三维图形，Matplotlib 都能够绘制。Python 凭借其强大的数据处理功能和数据可视化功能，成为现代数据分析的重要工具，其易用性和灵活性使其备受欢迎。

3. 数据分布形状的重要性

数据分布的形状对于数据分析和建模非常重要。例如，许多统计方法，如 t 检验和线性回归，都假设数据是符合正态分布的。如果数据不符合正态分布，那么运用这些方法得到的结果可能是不准确的。

数据分布的形状也可以为人们提供关于数据的有价值的信息。例如，如果数据呈正偏态分布，那么可能存在一些极大的异常值。出现这些异常值可能是由于数据录入错误或其他原因，需要进一步调查。

2.2.4　描述性统计的图形表示软件工具

描述性统计的图形表示是数据分析中的一个关键步骤，它可以帮助人们直观地理解数据的分布、趋势和关系。为了更有效地进行描述性统计，有许多软件工具可供选择。以下是对这些工具的详细介绍。

1.Excel

作为最常用的电子表格软件，Excel 提供了一系列的图表工具，如柱状图、饼图、折线图和散点图等。用户输入数据，然后选择合适的图表类型，即可进行可视化。此外，Excel 还提供了一些基本的统计功能，如计算平均值、中位数和标准差等，对数据进行统计描述。

2.WPS 表格

WPS Office 是一款流行的办公软件，其中的 WPS 表格提供了丰富的图表工具，如柱状图、饼图、折线图和散点图等。用户输入数据，并选择合适的图表类型，即可进行可视化。此外，WPS 表格还提供了基本的统计功能，如计算平均值、中位数和标准差的计算等，然后进行统计描述。

3.SPSS

SPSS 虽然是一款国外软件，但在中国的社会科学研究中得到了广泛应用。SPSS 为用户提供了丰富的图形表示选项，如直方图、箱线图和 Q-Q 图等。此外，它还提供了多种描述性统计功能，如数据频数分析等。

4.R 语言

R 语言是一个开源的统计编程语言和软件环境，提供了丰富的图形和统计功能。使用 R 语言，用户可以创建各种复杂的图表，如密度图、等高线图等。R 语言的 ggplot2 包是一种非常受欢迎的数据可视化工具，它提供了一种声明式的语法，使创建复杂的图形变得简单。

5.Python

Python 在国内的数据分析领域也得到了广泛的应用。它有许多库，如 Matplotlib、Seaborn 和 Plotly 等，可以用于数据可视化。这些库可以用来绘制多种类型的图表，如柱状图、热力图和小提琴图等。此外，Python 还提供了 Pandas 库，它是一种强大的数据处理和分析工具。

6.FineReport

这是一种国内开发的数据可视化工具，它允许用户拖放数据来创建各种图表。FineReport 提供了许多高级的可视化功能，如地图、树状图和散点图矩阵等。此外，它还提供了一些描述性统计功能，如计算平均值、中位数和四分位数等，对数据进行统计描述。

7. 阿里云 Quick BI

这是阿里云推出的一个商业智能工具，它提供了丰富的数据可视化功能和数据分析功能。使用 Quick BI，用户可以创建仪表板和报告，展示数据的关键指标和趋势。它还提供了一些描述性统计功能，如计算数据的总和和平均值等，对数据进行统计描述。

选择哪种工具取决于研究的需求、数据的类型和分析的复杂性。无论选择哪种工具，关键是要确保图表清晰、准确和有意义，这样才能帮助研究者更好地理解和解释数据。

2.3 假设检验

假设检验是统计学中的核心方法，用于确定观察结果是否是偶然发生的或是否有统计学意义。随着技术的进步，多种软件工具被开发出来，以便进行假设检验。在此，笔者将深入探讨如何利用软件实现假设检验，包括从参数检验到非参数检验的软件选择，以及不同类型样本的检验方法的选择。这些工具大大简化了统计分析过程，使研究者能够更加高效和准确地得出结论。

2.3.1　假设检验的软件实现

假设检验是统计学中的一种方法，用于确定一个假设是否成立。在实际研究中，可实现假设检验的软件已经变得非常普及，因为它们可以帮助研究者快速、准确地完成复杂的统计分析。

1. 假设检验的基本概念

假设检验的目的是根据样本数据来判断总体参数是否满足某一特定条件。通常，研究者先提出一个原假设（通常表示为 H_0），然后使用统计方法来判断这个假设是否成立。

2. 常用的假设检验软件

在数据分析和研究领域，假设检验是一种核心技术，可以帮助研究者确定观察到的数据模式是不是偶然产生的，或者是否存在某种真实的、统计学上的显著关系。为了进行这些检验，有多种软件工具可供选择，我国最常用的有 SPSS、R 语言和 Python 的统计库。

SPSS 起初是为社会科学研究而设计的，现在已经被广泛应用于各个领域。它是一个用户友好的软件，拥有直观的图形用户界面，使研究者即使没有编程知识，也能轻松地进行数据分析。SPSS 提供了一系列的假设检验工具，包括但不限于 t 检验、卡方检验、ANOVA 和回归分析。这些功能使得 SPSS 成了许多学术研究和商业研究的首选工具。

R 语言与 SPSS 不同，是一个开源的统计编程语言。它是由统计学家和数据科学家为统计学家和数据科学家设计的。R 语言的主要优势在于其具有强大的扩展性：全球各地的研究者为其编写了数千个统计包和函数，涉及基本的描述统计方法和最前沿的统计方法。这使得 R 语言成了一个非常灵活的工具，可以进行各种复杂的假设检验和数据分析。

Python 作为一种通用编程语言，近年来在数据科学领域的影响力逐渐提升。尽管 Python 本身并不是为统计分析而设计的，但通过各种库，如 SciPy 和 Statsmodels，Python 已经成为一个强大的假设检验工具。SciPy 提供了一系列的统计函数，支持描述统计、概率分布和假设检验；而 Statsmodels 则提供了更为高级的统计模型，如线性回归模型、时间序列模型。

3. 假设检验的软件实现流程

在数据分析领域，假设检验可以帮助人们确定观察到的数据模式是不是偶然的，或者是否存在某种统计显著性。例如，SPSS 是一款广受欢迎的统计分析软件，为用户提供了一系列强大的假设检验工具。进行假设检验时，用户先将收集到的数据输入 SPSS。输入数据时，可以直接在 SPSS 的数据视图中输入，也可以通过导入外部数据文件完成数据的输入，如 Excel 或 CSV 文件。输入数据后，用户可以在变量视图中为每个变量定义适当的属性，如测量水平和值标签，然后根据研究目标和数据特性选择合适的假设检验方法。SPSS 为用户提供了 t 检验、卡方检验、ANOVA、回归分析等多种方法。选择正确的检验方法是关键，因为每种方法都有其特定的要求。选择了检验方法后，研究者需要明确他们的假设。这通常涉及定义原假设和备择假设。例如，在使用 t 检验比较两个样本的均值时，原假设可能是这两个样本的均值是相等的。用户通过在 SPSS 中选择相应的菜单和选项完成假设检验。SPSS 会为用户完成所有必要的计算，并输出详细的结果，其中最关键的通常是 P 值。这个值告诉人们观察到的效应或关系出现的概率。如果 P 值低于预定的显著性水平（如 0.05），那么通常会拒绝原假设。最终，研究者需要对 SPSS 的输出结果进行解释，这通常涉及对自由度和 P 值等的分析。通过分析，研究者可以得到关于数据的准确和可靠的统计结论。

4. 注意事项

在数据分析中，假设检验是一个强大的工具，但使用它需要谨慎并考虑其准确性。当研究者使用软件进行假设检验时，他们首先要确保数据满足检验的假设。例如，许多参数统计方法都要求数据呈正态分布，并且各组的方差应该是相等的。如果这些假设不能满足，那么得到的统计结论可能是不准确的，甚至是有误导性的。选择正确的检验方法也是至关重要的。每种检验方法都有其特定的应用场景和数据要求。使用不适当的方法可能会得出错误的结论。例如，对两个独立样本的均值进行比较时，应该使用独立样本 t 检验，而不是配对样本 t 检验。因此，研究者需要充分了解每种方法的适用性和局限性，确保自己的选择是合理的。显著性水平是假设检验中的一个关键参数，它定义了拒绝原假设的标准。虽然 0.05 是最常用的显著性水平，但这并不意味着它总是最合适的选择。在某些情况下，研究者可能需要更严格的标准，如 0.01，或者更宽松的标准，如 0.10。选择显著性水平应该基于研究的背景和目的，而不仅仅是遵循传统。

2.3.2 参数与非参数检验的软件选择

在统计学中，参数检验和非参数检验是两种主要的假设检验方法。参数检验假定数据服从某种分布，如正态分布，而非参数检验不做这种假设。选择哪种检验方法，取决于数据的性质和研究的目的。

1. 何时使用非参数检验

在进行参数检验之前，首先要检查数据是否满足特定的分布假设。如果数据不满足这些假设，如数据不服从正态分布或方差不齐，那么非参数检验可能是一个更好的选择。

2. 参数检验与非参数检验的对比

参数检验依赖数据分布和参数，如均值和方差，而非参数检验则不依赖数据分布和参数，因此它们在处理不同类型的数据时有所不同。非参数检验通常被视为参数检验的替代方法，特别是当数据不满足正态分布或其他分布假设时。例如，当数据呈现明显的偏斜或有异常值时，非参数检验可能是更好的选择。这是因为非参数检验不需要考虑数据的具体分布，因此它们对于不满足正态分布的数据更为稳健。

如果数据大致服从某种分布，参数检验通常是首选，因为参数检验的检验效能通常高于非参数检验。这意味着，与非参数检验相比，参数检验在样本大小相同的情况下更有可能检测到实际存在的效应。此外，即使数据不完全满足正态分布，只要样本量足够大，参数检验通常仍然是稳健的。

在描述数据的集中趋势时，参数检验和非参数检验也有所不同。参数检验通常使用平均值，因为它是正态分布的中心参数；而非参数检验则可能使用中位数，特别是当数据分布偏斜或数据中存在异常值时，因为中位数是数据中的中间值，对于数据分布偏斜和异常值不敏感，因此在这些情况下可能是更好的描述指标。

在数据可视化方面，参数检验和非参数检验也有所不同。参数检验常用的图形有折线图和条形图，这些图形可以清晰地展示数据的均值和分布；而非参数检验则可能使用箱线图，这种图形可以展示数据的中位数、四分位数和异常值，从而提供更全面的数据分布视图。

3. 常见的非参数检验方法

非参数检验是统计学中的一种方法，用于处理不满足正态分布或其他参数分布假设的数据。与参数检验相比，非参数检验不依赖于数据的具体分布，因此它们在处理偏斜、异常值或其他非正态分布的数据时更为稳健。以下是一些常见的非参数检验方法及其应用。

（1）单样本 Wilcoxon 检验。当人们想要检验一个样本的中位数是否与某个特定值相等时，可以使用单样本 Wilcoxon 检验。这是单样本 t 检验的非参数替代方法，适用于数据不满足正态分布的情况。

（2）Mann-Whitney 检验。当人们想要比较两个独立样本的中位数时，可以使用 Mann-Whitney 检验。这是独立样本 t 检验的非参数替代方法，用于确定两个独立样本是否来自同一总体。

（3）Kruskal-Wallis 检验。当人们想要比较三个或更多独立样本的中位数时，可以使用 Kruskal-Wallis 检验。这是单因素方差分析的非参数替代方法，适用于数据不满足正态分布或方差齐性假设的情况。

（4）配对 Wilcoxon 检验。当人们想要比较两个相关样本的中位数时，可以使用配对 Wilcoxon 检验。这是配对样本 t 检验的非参数替代方法，用于确定两个相关样本的差异是否显著。

在实际应用中，选择合适的非参数检验方法是非常重要的。在选择非参数检验方法时，研究者首先应该明确研究的目的和数据的特性，其次应根据数据的分布、样本大小和研究设计进行选择。

在统计分析中，软件工具的选择也是非常重要的。SPSS 是一个被广泛使用的统计软件，提供了丰富的参数检验方法和非参数检验方法，使得数据分析变得更加简单和高效。SPSSAU 作为一个在线数据分析平台，为用户提供了详细的非参数检验教程和操作指南，帮助用户更好地理解和应用非参数检验方法。在使用 SPSS 进行非参数检验时，用户应该首先进行正态性检验，以确定数据是否满足正态分布。如果数据不满足正态分布，那么非参数检验可能是更好的选择。在 SPSS 中，非参数检验的操作也是非常简单的。用户只需要选择合适的检验方法，输入相关的参数，软件就会自动进行计算并输出结果。

2.3.3　使用软件进行单样本、双样本与配对样本 t 检验

在统计学中，单样本检验、双样本检验与配对样本 t 检验是常见的方法，用于比较样本均值之间的差异。随着技术的发展，国内涌现出了许多优秀的统计软件，如统计学习工具箱、数学之星和 SPSS 中文版等，为研究者进行上述检验提供了强大的工具。

1. 单样本检验

单样本检验是统计学中的一种基本方法，用于确定一个样本的均值是否显著地与某个已知或假设的值不同。这种检验在实际研究中非常常见，尤其是当人们想要验证某一产品或服务的性能是否达到了预期标准时。例如，一个电池生产商声称其产品的平均使用寿命为 500 h，为了验证真假，可以随机选择一批电池，测试其使用寿命，然后使用单样本检验来确定样本的平均寿命是否为 500 h。

单样本检验的步骤如下。

（1）数据输入。将收集的数据输入统计软件。大多数现代统计软件都支持多种数据格式，如 CSV、Excel 等。在"数学之星"这样的软件中，用户可以通过简单的拖放或浏览功能将数据文件导入软件。

（2）选择检验类型。在软件的统计菜单中，可以找到各种检验方法。为了进行单样本检验，需要选择"单样本检验"或类似的选项。

（3）设置参数。在进行检验之前，需要设置一些参数。首先，输入生产商所说的均值，即 500 h。其次，选择检验的方向。双尾检验可检查样本均值是否显著高于或低于已知值。而单尾检验则只检查样本均值是否显著高于或低于已知值。

（4）结果解释。软件会进行计算并输出结果。最关键的是检验统计量和 P 值。检验统计量可以反映样本均值与已知值之间的差异有多大，

而 P 值则可以反映这种差异是否显著。通常，如果 P 值小于预设的显著性水平（如 0.05），研究者会拒绝原假设，认为样本均值与已知值存在显著差异。在上述电池的例子中，如果 P 值小于 0.05，则可以认为电池的实际使用寿命与生产商的说法存在显著差异。

2. 双样本检验

双样本检验也称为独立样本检验，是统计学中的一种常用方法，用于比较两组数据的均值是否存在显著差异。这种检验在医学、社会科学、经济学等多个领域都有广泛的应用，尤其是当研究者想要评估两种不同的方法或策略的效果时。例如，一家医院想要评估两种不同的治疗方法对于缓解患者疼痛的效果，可以将患者随机分为两组，两组患者分别用不同的治疗方法治疗。治疗结束后，医院收集每位患者的疼痛评分，并使用双样本检验来确定哪种治疗方法更有效。

双样本检验的步骤如下。

（1）数据输入。研究者需要将两组数据输入统计软件。大多数统计软件都允许用户直接导入 CSV、Excel 或其他格式的数据文件。在导入数据后，用户需要确保每组数据都被正确标记，以便软件可以区分它们。

（2）选择检验类型。在软件的统计菜单中，研究者可以找到各种检验方法。为了进行双样本检验，研究者需要选择"双样本检验"或类似的选项。

（3）设置参数。在进行双样本检验之前，研究者需要设置一些关键参数，其中最重要的是是否假设两个样本的方差相等。做出何种假设，通常取决于数据的特性和研究的目的。如果两个样本的方差相似，可以选择假设方差相等；否则，应选择不假设方差相等。

（4）结果解释。软件会进行计算并输出结果。在输出的结果中，检

验统计量和 P 值是最为关键的。检验统计量反映两个样本均值之间的差异大小，而 P 值则反映这种差异是否显著。通常，如果 P 值小于预设的显著性水平（如0.05），研究者会拒绝原假设，认为两个样本的均值存在显著差异。在上述医院的例子中，如果 P 值小于0.05，医院可以得出结论，即其中一种治疗方法在缓解疼痛方面更有效。

3. 配对样本 t 检验

配对样本 t 检验也称为相关样本 t 检验或重复测量 t 检验，用于比较两个相关样本或重复测量的样本的均值。这种检验在医学、心理学、社会科学等领域中都有广泛的应用，尤其是当研究者想要评估某种干预或治疗前后的效果时。例如，一家医院为评估某种新的治疗方法对于缓解患者疼痛的效果，在治疗前后分别对同一组患者进行了疼痛评分。由于这两组数据来自同一组患者，是相关的，应使用配对样本 t 检验来分析。

配对样本 t 检验的步骤如下。

（1）数据输入。研究者需要将两组配对的数据输入统计软件。这通常意味着每一对数据都应该在同一行上，以便软件识别出它们是配对的。大多数统计软件允许用户直接导入 CSV、Excel 或其他格式的数据文件。

（2）选择检验类型。研究者需要在菜单中选择"配对样本 t 检验"或类似的选项，进行配对样本 t 检验。

（3）设置参数。在进行配对样本 t 检验之前，研究者需要设置一些关键参数，其中最重要的是指定配对的方向。例如，如果数据是在治疗前后收集的，方向应该是"前后"。这有助于软件正确地配对数据，并进行适当的计算。

（4）结果解释。软件会进行计算并输出结果，其中检验统计量和 P 是最为关键的。检验统计量可以反映两个配对样本均值之间的差异大小，

P 可以反映差异是否显著。如果 P 小于预设的显著性水平（如 0.05），研究者会拒绝原假设，认为两个配对样本的均值存在显著差异。在上述医院的例子中，如果 P 小于 0.05，则可以认为新的治疗方法在缓解疼痛方面是有效的。

第 3 章　聚类分析

聚类分析是统计学和数据挖掘中的一种重要技术，用于将数据集中的对象分成多个类或簇，使得同一簇内的对象相似度高，而不同簇的对象相似度低。随着大数据时代的到来，聚类分析在各个领域都得到了广泛的应用，如市场细分、生物信息学和社交网络分析等。本章将深入探讨聚类分析的基础知识、常见方法以及如何使用国内软件工具进行聚类分析的模型评估和优化。

3.1 聚类分析的基础知识

聚类分析是一种无监督的学习方法，核心目标是将数据点分成不同的簇或类。这种分组基于数据点之间的相似性或距离，目的是使同一簇内的数据点相似度最大，而不同簇的数据点相似度最小。本节将深入探讨聚类的定义、目的，如何使用软件工具度量数据点之间的距离和相似度，以及如何根据不同的需求和数据特性选择合适的聚类方法和软件工具。

3.1.1 聚类的定义与目的

聚类是数据挖掘中的一种无监督学习方法，它的目的是将数据集中的对象划分为若干个不相交的子集，每个子集称为一个簇。在每个簇内部，数据对象之间是相似的；而在不同的簇之间，数据对象是不相似的。换句话说，聚类试图将相似的对象组合在一起，并将不相似的对象分开。

1. 聚类的定义

聚类的定义如下：给定一个数据集，根据数据的某些特征或属性，将数据集划分为多个簇，使得同一簇中的数据对象之间的相似度最大，不同簇中的数据对象之间的相似度最小。

聚类优化问题的目标函数，特别是在 K- 均值聚类算法中，可以表示为

$$J = \sum_{k=1}^{K} \sum_{x_i \in C_k} \|x_i - \mu_k\|^2$$

其中，J 为目标函数，表示所有簇内距离的平方和，聚类算法的目标是最小化这个函数；K 为簇的总数，是聚类前由用户指定的一个参数；C_k 为第 k 个簇，是数据集的一个子集，包含被分配到这个簇中的所有数据点；x_i 为数据集中的第 i 个数据点；μ_k 为第 k 个簇的中心，通常通过计算簇内所有点的均值得到，即 $\mu_k = \frac{1}{|C_k|} \sum_{x_i \in C_k} x_i$；$\|x_i - \mu_k\|$ 为点 x_i 到簇中心 μ_k 的欧几里得距离；$|C_k|$ 为第 k 个簇中包含的数据点数量。

2. 聚类的目的

聚类的主要目的是使数据简化和提取有价值的信息。在面对大量的数据时，直接分析可能会非常复杂和耗时，通过将数据对象分为数量较少的簇，可以使数据简化。这不仅可以帮助人们更快速地理解数据，还可以为进一步的分析和决策的做出提供有价值的信息。

例如，一个大型零售商希望了解其客户的购买行为，如果直接分析所有客户的购买记录，可能会非常复杂。但是，通过聚类分析，零售商可以将客户分为几个簇，如"高频购买者""偶尔购买者"和"低频购买者"。这样，零售商就可以针对每个簇制定特定的营销策略，从而更有

效地满足客户的需求。

聚类分析可以用于数据压缩。在某些应用中，存储和处理大量的数据可能是不切实际的。通过聚类分析，可以只存储每个簇中有代表性的对象，如簇的中心，以及簇中的对象与中心的关系，这样可以大大减少数据的存储需求，同时保留数据的关键信息。

聚类分析可以帮助人们为数据对象分配标签。在许多应用，如文本分类或图像识别中，数据对象可能没有预先分配的标签。通过聚类分析，人们可以为每个对象分配一个簇标签，从而将无标签的数据转化为有标签的数据。这不仅可以帮助人们更好地理解数据，还可以为进一步的分析，如分类分析或回归分析，提供有价值的输入。

聚类分析可以帮助人们发现数据中的隐藏模式和关系。在许多情况下，数据中可能存在人们之前未意识到的模式或关系，通过将数据对象分成多个簇，人们更容易识别这些模式，从而为数据分析和决策的做出提供参考。

3.1.2　距离和相似度的软件度量工具

在数据分析中，尤其是聚类分析中，距离和相似度的计算是至关重要的。为了实现这些计算，许多国内软件工具都提供了强大的功能。以下是一些主要的软件工具及其在距离和相似度度量中的应用。

1. 神经计算工具包（neural computing toolkit, NCT）

功能：NCT 是一款专为深度学习和神经网络设计的软件，提供了多种距离计算方法，如欧几里得距离、曼哈顿距离等。

应用场景：在神经网络的训练中，计算数据点之间的距离，以确定它们的相似性。

2. 数学之星（math star）

功能：数学之星是一款广泛应用于学术界的统计软件，提供了丰富的相似度和距离计算功能，如余弦相似度、Jaccard 相似度等。

应用场景：在文本分析和推荐系统中，用于计算文档或物品之间的相似度。

3. 数据魔方（data cube）

功能：数据魔方是一款专为大数据分析设计的软件，可以处理大规模的数据集，并提供多种距离和相似度计算方法。

应用场景：在电商用户分析和社交网络分析中，对用户行为进行聚类分析，以发现潜在的用户群体或趋势。

4. 统计学家（statistician）

功能：统计学家是一款专为统计分析和数据挖掘设计的软件，提供了多种距离计算方法，如马氏距离、切比雪夫距离等。

应用场景：在市场研究和客户细分中，计算客户之间的距离，以确定他们的购买习惯或偏好。

5. 大数据分析平台（big data analysis platform, BDAP）

功能：BDAP 是一个为大数据分析而生的平台，不仅提供了距离和相似度的计算功能，还支持分布式计算，使得大规模数据的处理变得更加高效。

应用场景：在互联网公司中，经常需要对大量的用户数据进行分析，以发现用户的行为模式或趋势。

这些软件工具都为研究者提供了强大的距离和相似度计算功能，使得数据分析变得更加简单和高效。选择合适的工具不仅可以提高分析的准确性，还可以节省大量的时间和资源。

3.1.3　聚类的类型与软件选择

聚类分析是数据挖掘中的一种重要技术，旨在将数据集中的对象分组，使得同一组中的对象相似度高，而不同组中的对象相似度低。聚类的应用领域非常广泛，包括市场细分、社交网络分析、图像处理等。本书将详细介绍聚类的类型和软件选择，并结合实例进行说明。

1. 聚类的类型

聚类的方法可以大致分为以下几类。

（1）分层聚类。分层聚类是数据分析中的一种重要技术，通过逐步将数据点组合成簇或将簇分解来形成一个层次结构。与其他聚类方法不同，分层聚类不仅提供了一个单一的聚类结果，还为数据提供了一个多层次的结构，从而使分析师可以从不同的角度和粒度来观察数据。

在分层聚类的过程中，每个数据点最初都被视为一个单独的簇。随着分层聚类的进行，最相似的簇会被合并成一个更大的簇，这一过程会持续进行，直到所有的数据点都被合并成一个单一的簇，或者达到了预定的停止条件。这种方法产生的结果可以用树状图来表示，其中叶节点代表单个数据点，而内部节点代表合并的簇。

以国内的电商市场分析为例，分层聚类可以为市场策略师制定策略提供依据。开始时，所有商品都可以按照其基本属性被视为单独的簇，如电视、冰箱、衬衫或饼干。随着聚类的进行，相关或相似的商品会被归为一类。例如，电视和冰箱可能会被归为家电类，而衬衫和裤子可能会被归为服装类。随后，家电和服装这两个大类可能会与食品、化妆品等其他大类一起被归为更高层次的簇，如耐用消费品和非耐用消费品。

这使市场策略师可以更灵活地分析数据，在高层次上可以得到关于整个市场的宏观趋势和模式的信息，而在较低的层次上可以深入了解特定的商品或品类的具体信息，如某一品类商品的销售趋势或顾客对某一商品的评价。

（2）K-均值聚类。K-均值聚类是数据分析中的一种经典方法，它的核心思想是将数据集划分为 K 个簇，每个簇都有一个中心，这个中心是簇内所有数据点的均值。该方法通过迭代地调整簇的中心和将数据点分配给最近的中心来工作，直到满足某个终止条件为止，如簇的中心不再发生变化或达到预定的迭代次数。

在实际应用中，K-均值聚类有着广泛的用途。以国内的互联网公司为例，随着用户数量的增长和业务的拓展，对用户的深入了解和精准服务变得尤为重要。通过 K-均值聚类，公司可以将庞大的用户群体划分为几个较小的群组，每个群组都有其独有的特征和行为模式。例如，一些用户可能更喜欢在线购物，另一些用户可能更喜欢观看视频。通过这种分群，公司可以为每个用户群推荐更加具有个性化的内容或提供其他服务。

K-均值聚类还可以帮助公司发现潜在的商业机会。例如，通过对用户的购物行为进行聚类分析，公司可能会发现某一群体的用户对某一类商品有着异常高的购买意愿，这为公司的市场推广或新产品开发提供了方向。

在实际应用中也需要注意一些问题。首先，K 的选择很关键，不同的 K 值会导致不同的聚类结果。通常，需要通过多次尝试或使用某些评价指标来确定最佳的 K 值。其次，对初始中心的选择要合理，选择不同的初始中心可能会导致不同的聚类结果。通常需要通过多次运算，选择最佳的初始中心。

（3）密度聚类。密度聚类是一种与传统的基于距离的聚类方法不同的聚类策略。它的核心思想是在数据空间中寻找连续的高密度区域，并将这些区域视为簇。与基于距离的方法不同，密度聚类不需要预先确定簇的数量，而是根据数据的内在结构自动形成簇。

在实际应用中，密度聚类具有很高的实用价值。以国内的城市规划为例，随着城市化进程的加快，城市规划和管理变得日益复杂，为了更好地满足居民的生活需求和促进经济发展，城市规划部门需要对城市的空间结构进行深入的分析和研究。通过使用密度聚类，规划者可以清晰地识别出城市中的商业中心、居民区、工业区等关键区域。这些区域往往是城市经济活动和社会活动集中的地区，吸引着大量的人流和资金，对城市发展起到关键作用。通过使用密度聚类，规划者可以准确地确定这些区域的位置和范围，从而为交通规划、基础设施建设和公共服务提供有力的支持。同样，居民区是城市居民日常生活的主要场所，其布局和规模直接影响着居民的生活质量。通过使用密度聚类，规划者可以更好地了解居民的居住分布情况和需求，为住房建设和教育、医疗等公共服务区域的规划提供科学依据。

除了城市规划，密度聚类在其他领域也有广泛的应用，如环境监测、交通管理、公共安全等。它为人们提供了一种有效的工具，帮助人们从大量的数据中发现有价值的信息。

（4）网格聚类。网格聚类是一种特殊的聚类方法，它通过将数据空间划分为多个网格单元来降低数据分析的复杂性。每个网格单元代表数据空间中的一个区域，而这些区域的大小和形状取决于网格的结构。在进行聚类时，网格聚类不直接对原始数据点进行操作，而是对这些网格单元进行操作，根据每个单元中的数据点数量或密度来确定其所属的簇。

在实际应用中，网格聚类为处理大规模数据集提供了一种高效的方法。它只对网格单元进行操作，而不直接对每个数据点进行操作，因此可以显著降低计算的复杂性和减少时间。这使得网格聚类在处理大规模数据集时具有明显的优势。

以国内的交通部门为例，随着城市化进程的加快和汽车保有量的增加，道路拥堵已经成为许多大城市的常态。为了有效地管理和规划交通，交通部门需要对道路的使用情况进行深入的分析。通过使用网格聚类，交通部门可以将整个城市的道路网络划分为多个网格单元，然后根据每个单元的车流量或拥堵程度进行聚类。这样交通部门就可以清晰地识别出城市中的拥堵热点区域，从而采取具有针对性的措施来缓解交通压力。

网格聚类还可以帮助交通部门预测未来的交通趋势。通过对历史数据进行聚类分析，交通部门可以发现道路使用的模式和规律，从而为交通规划提供有力的支持。例如，如果某个区域的道路在过去几年内持续出现拥堵情况，那么这个区域在未来可能仍然会面临交通压力，因此交通部门可以提前采取措施来改善这个区域的交通状况。

2. 聚类软件选择

选择合适的聚类软件是进行聚类分析的关键，以下是几款在国内流行的聚类软件。

（1）Weka 是一个广受欢迎的开源数据挖掘工具包，起源于新西兰的怀卡托大学。这个工具包集成了一系列的机器学习算法，用于数据预处理、分类、回归、聚类、关联规则以及可视化。Weka 支持多种聚类算法，包括但不限于 K- 均值聚类、分层聚类、DBSCAN 等。

Weka 拥有用户友好的图形界面，这使没有编程知识的初学者也能轻松上手操作。用户只需通过几次点击，就可以选择合适的算法、加载数据、设置参数并运行软件。Weka 提供了详细的输出结果和可视化工具，帮助用户更好地理解和解释聚类结果。除了用户友好的图形界面，Weka 还提供了命令行界面和 Java API，这为熟悉编程的用户提供了便利。用户可以在命令行中快速执行任务，或者在 Java 程序中集成 Weka 的功能，从而实现更复杂的数据挖掘。此外，Weka 有庞大的用户和开发者社区。由于 Weka 是开源软件，许多研究者和开发者编写了代码，不断拓展其功能，改进性能。同时，社区中的用户也积极分享经验、解答疑问，形成了一个活跃的知识交流平台。

（2）R 语言是一种专门为统计分析和图形表示设计的编程语言，已经成为数据科学家和统计学家的首选工具之一。它的强大功能源于其庞大的软件包生态系统，这些软件包涵盖了从基础统计分析到高级机器学习算法的各种功能。在聚类分析领域，R 语言也展现出了其卓越的能力。

R 语言提供了多种聚类分析包，其中最为知名的是 cluster 和 fpc。这些包不仅支持传统的聚类方法，如 K- 均值聚类、层次聚类，还支持许多先进的聚类方法，使得用户可以根据数据的特性和需求选择最合适的方法。例如，fpc 包提供了一系列的函数来评估聚类的稳定性和质量，帮助用户确定最佳的聚类数目和方法。

R 语言具有灵活性。对于掌握编程基础知识的用户，R 语言提供了一个平台，使他们可以自由地分析数据，尝试采用不同的方法，深入地分析结果。此外，R 语言的脚本化特性使得整个分析过程可以被记录和重现，这对于科研和商业应用都是非常有价值的。R 语言的数据可视化功能也是其受欢迎的原因之一。用户可以轻松地创建高质量的图形，如散点图、热力图和树状图，来使聚类结果可视化。这些图形不仅有助于结果的解释，还会使报告和演示更为生动和有说服力。

（3）Python 的 Scikit-learn 库是 Python 编程语言中的一个开源机器学习库，集成了大量的标准机器学习算法，为数据挖掘和数据分析提供了简单、高效的工具。

在 Scikit-learn 中，用户可以找到多种经典的聚类算法，如 K- 均值聚类、DBSCAN、谱聚类和层次聚类等，满足各种聚类需求，使得用户可以根据数据的特性选择最合适的方法。例如，K- 均值聚类是一种基于中心点的聚类方法，适用于球形分布的数据；而 DBSCAN 则是一种基于密度的聚类方法，能够发现任意形状的簇，也能够处理噪声数据。

Scikit-learn 提供了统一的 API，使用户可以轻松地切换不同的算法，而不需要修改大量的代码。此外，Scikit-learn 还提供了大量的实用工具，如数据预处理、模型评估和参数调优等，帮助用户更好地进行聚类分析。

Python 在国内日益流行，得益于其简洁的语法、强大的功能和庞大的社区支持。很多公司和研究机构都选择 Python 作为其数据分析和机器学习的主要工具。在这样的背景下，Scikit-learn 作为 Python 中的一个重要机器学习库，自然也受到了广泛的关注，被广泛使用。无论是在学术界还是在业界，Scikit-learn 都被视为进行聚类分析的首选工具。

（4）RapidMiner 是一个先进的数据科学平台，被广大数据分析师和科学家用于解决各种复杂的数据问题。它具有数据预处理、机器学习、深度学习和模型部署等多种功能，使从数据导入到最终决策的整个过程都变得更加流畅和高效。

聚类分析作为数据挖掘的核心技术之一，在 RapidMiner 中得到了充分的支持。该平台提供了多种聚类算法，如 $K-$ 均值、层次聚类、DBSCAN 等，满足了不同数据分析需求。用户可以通过简单的拖放操作来选择算法，无须编写任何代码。这种直观的操作方式大大降低了数据分析的门槛，即使用户没有编程知识，也能轻松上手操作。

除了提供丰富的算法，RapidMiner 还提供了一系列的数据可视化工具，用户可以通过各种图表来直观地查看聚类结果，如散点图、热力图和树状图等。这些可视化工具不仅帮助用户更好地理解数据的结构和模式，还使得报告和演示变得更加生动和有说服力。

RapidMiner 具有强大的数据预处理功能。在进行聚类分析之前，数据往往需要进行清洗、转换和标准化等操作。RapidMiner 提供了一系列的数据预处理工具，如缺失值处理、异常值检测和数据标准化等，帮助用户轻松处理数据，确保聚类分析的准确性和有效性。

在国内，随着数据驱动决策的理念越来越受到重视，数据分析和挖掘的需求也日益增长。RapidMiner 凭借其强大的功能和友好的用户界面，成了许多企业和研究机构的首选工具。无论是在金融、电商、医疗领域还是在教育领域，RapidMiner 都可以帮助用户进行高效、专业的数据挖掘和数据分析。

3.2　常见的聚类分析方法

在数据分析领域，聚类分析是一种将数据集中的对象按照相似性分组的技术。不同的聚类方法适用于不同类型的数据。本节将深入探讨几种常见的聚类方法，包括分层聚类、K- 均值聚类、密度聚类和基于统计模型的聚类，并重点介绍这些方法在国内流行的软件工具中的实现方式。

3.2.1　使用软件进行分层聚类

分层聚类是一种传统的聚类方法，主要通过构建一个二叉树图来描述数据之间的关系。这种方法的核心思想是将数据集中的每个数据点视为一个单独的类，然后逐步将最相似的类合并，直到所有的数据点都被合并到一个类中，或达到某个停止条件。

1. 分层聚类的特点

分层聚类是一种独特的聚类方法，它的主要目标是基于数据的相似性或距离构建一个层次结构。与其他聚类方法不同，分层聚类不仅仅是将数据点划分为几个簇，还为数据点创建了一个分层的树状结构。这种结构为数据的组织和解释提供了丰富的信息。这种树状的层次结构通常被称为树状图或层次图。在这个图中，每个叶节点代表一个数据点，而内部节点代表一个簇，这个簇包含了所有属于它的子节点的数据点。从树的底部到顶部，数据点被逐渐组合成越来越大的簇，直到所有的数据点都被组合成一个大的簇为止。

分层聚类的一个显著特点是它不需要用户预先指定簇的数量。这与 $K-$ 均值聚类等方法形成了鲜明的对比，后者需要用户明确给出要形成的簇的数量。在分层聚类中，簇的数量是通过构建树状结构自然而然地得到的。此外，分层聚类的结果具有很强的解释性。通过观察树状图，用户可以直观地看到数据的层次结构，了解哪些数据点更为相似，哪些数据点相对独立。这为数据分析提供了有价值的信息，帮助用户理解数据的内在结构和模式。但是在分层聚类中，一旦数据点被合并到一个簇中，它们就不能再被分开。此外，对于大规模的数据集，分层聚类可能会非常耗时。

2. 软件应用

分层聚类作为一种经典的数据分析方法，在众多领域中都有着广泛的应用，尤其在市场研究、社会科学等领域，其作用日益凸显。为了适应这些领域的需求，人们已经开发了多种软件工具。这些工具不仅简化了分层聚类的计算过程，还提供了丰富的数据可视化选项，帮助用户更好地理解数据。例如，SPSSAU 是一个广泛应用的统计分析平台，提供了分层聚类功能。SPSSAU 的优势在于其拥有强大的数据处理能力和用户友好的界面。用户只需通过简单的界面操作，就可以导入数据，并让软件自动进行聚类分析。软件可以根据数据的特性，自动选择合适的聚类算法，无须用户选择算法，极大地降低了数据分析的门槛。此外，SPSSAU 能输出详细的树状图和其他图形，使用户能够直观地看到数据的层次结构，这对于发现数据中隐藏的模式和结构至关重要。

R 语言也是一个进行分层聚类分析的强大工具，特别是在学术研究中。R 语言包含多个包，如 hclust 等，这些包提供了进行分层聚类分析的各种方法，包括最常用的最近邻居法、最远邻居法和组平均法等。R 语言的灵活性和强大的自定义功能使其成为研究人员的首选工具。用户可以根据具体的研究需求调整聚类过程，选择不同的距离计算方法和聚类策略，以获得最能满足其研究需求的聚类结果。

在商业研究中，Tableau 和 Power BI 这类商业智能工具也开始集成分层聚类功能，帮助市场分析师分析消费者行为。这些工具通过提供易于理解的图形和交互式的数据探索界面，使不懂编程的用户也能够轻松地进行复杂的数据分析，从而优化市场策略和提升客户关系管理的能力。

3. 案例分析

在体育比赛中，裁判的打分往往受到各种因素的影响，如个人经验、偏好和文化背景等。因此，对裁判的打分风格进行聚类分析，可以帮助人们更好地了解他们的评分习惯和模式，从而为评判比赛是否公正提供参考。

例如，有 8 个裁判对 300 名选手进行打分。为了对这些裁判的打分风格进行聚类分析，选择使用 SPSSAU。在开始分析之前，首先，需要确保数据是定量的。这意味着每个裁判给每名选手的打分都是一个具体的数字，而不是一个描述性的标签。这是因为分层聚类算法基于数值距离进行计算，所以需要定量数据。其次，由于不同的裁判可能使用不同的打分范围，如一些裁判可能更倾向于给出较高的分数，而另一些裁判打分时可能更加保守。为了消除这种差异，可以对数据进行标准化处理，使得每个裁判的打分都在同一尺度上。接下来，使用 Pearson 相关系数来度量裁判之间的距离。这是因为 Pearson 相关系数可以反映两个裁判打分模式的相似性。例如，如果两个裁判对所有选手的打分都是高度相关的，那么他们的打分风格可能是相似的。

在选择了距离度量方法后，还需要选择一个具体的聚类方法。在这个案例中，笔者选择使用组平均距离法。这种方法考虑了每个类别中所有裁判之间的平均距离，从而确保了聚类的稳健性。

3.2.2 $K-$ 均值聚类的软件实现

$K-$ 均值聚类是一种常用的无监督学习方法，用于将数据集划分为 K 个聚类，使得同一聚类中的数据点之间的相似度尽可能高，而不同聚类之间的数据点的相似度尽可能低。在实际应用中，$K-$ 均值聚类被广泛应用于市场细分、图像分割、文档分类等方面。

1. 软件实现

随着大数据时代的到来，数据分析能力和机器学习能力已经成为影响企业和研究机构核心竞争力的关键因素。为了满足数据分析和机器学习需求，各大技术公司纷纷推出了自己的机器学习平台和工具，其中 $K-$ 均值聚类作为一种经典的无监督学习算法，得到了广泛的应用。

阿里云的人工智能平台（platform for artificial intelligence, PAI）是一个全面的机器学习平台，提供了从数据预处理到模型部署的一站式服务。在 PAI 平台上，用户无须编写任何代码，只需通过简单的拖放操作，就可以构建出一个完整的 $K-$ 均值聚类模型。此外，PAI 还提供了丰富的数据可视化工具，帮助用户更直观地理解聚类结果。对于大规模的数据集，PAI 支持高效的分布式计算，确保聚类任务能够快速完成。

百度 AI Studio 是一个更加开放和灵活的平台，不仅提供了 $K-$ 均值聚类算法，还支持多种其他的机器学习算法。用户可以在 AI Studio 上编写自己的代码，或者使用平台提供的算法模板。AI Studio 还提供了丰富的数据可视化工具，帮助用户更好地理解和解释聚类结果。此外，AI Studio 还支持模型的导出和部署，使得模型能够在其他环境中运行。

腾讯云的 TI-ONE 是一个更加专业的机器学习平台，支持数据预处理、特征工程、模型训练和部署等，也支持 K- 均值聚类算法。用户可以通过简单的界面操作，选择合适的参数，对数据进行聚类分析。TI-ONE 还提供了模型评估和优化工具，帮助用户取得最佳的聚类效果。

2. 实例分析

在当今的数据驱动时代，企业和研究机构都希望从海量的数据中提取有价值的信息。聚类分析作为一种无监督学习方法，可以帮助人们发现数据中的隐藏模式和结构。而阿里云 PAI 作为一个先进的机器学习平台，为用户提供了一系列强大的数据分析工具，其中包括 K- 均值聚类。

首先，需要准备数据。在实际应用中，数据可能有不同的来源，如数据库、日志文件或第三方应用程序编程接口（application programming interface, API）。为了在 PAI 上进行聚类分析，人们需要使这些数据的格式统一，并上传到 PAI。PAI 支持多种数据格式，如 CSV、Excel 和 Parquet 等，这为用户提供了很大的灵活性。上传数据后，PAI 会自动进行数据预处理，如缺失值填充、异常值处理等，确保数据的质量和完整性。接下来，人们可以在 PAI 的算法库中选择 K- 均值聚类算法。PAI 提供了丰富的算法和描述文档，帮助用户理解算法的原理和应用场景。选择算法后，用户需要设置相关的参数。K 值是 K- 均值聚类的关键参数，它决定了聚类的数量。在实际应用中，选择合适的 K 值是一个挑战。PAI 提供了 Elbow 方法和轮廓系数等工具，帮助用户确定最佳的 K 值。除了 K 值，人们还可以设置其他参数，如初始化方法、距离度量和迭代次数等，以优化聚类的效果。点击"运行"按钮后，PAI 会利用其强大的分布式计算能力,自动对数据进行高效的处理和分析。整个过程是透明的,用户只需等待结果即可。分析完毕后,PAI 会提供详细的聚类结果。这些结果包括每个数据点的聚类标签、每个聚类的中心和大小等。为了帮助用户更好地理解聚类结果,PAI 还提供了丰富的可视化工具。例如,人们可以通过散点图查看每个聚类的数据分布,还可以通过热力图查看聚类的特征重要性。

3.2.3 密度聚类的软件工具

密度聚类是一种基于数据点的密度分布来进行聚类的方法。与传统的基于距离或中心点的聚类方法不同,密度聚类方法主要关注数据点的局部密度,从而能够更好地识别复杂的形状和噪声数据点。在数据挖掘和机器学习领域,密度聚类已经成为一种非常受欢迎的聚类方法。

1. 密度聚类的主要算法

密度聚类试图找到数据空间中的高密度区域,并将其视为簇。这种方法特别适用于发现复杂形状的聚类,并且对噪声和异常值具有很好的鲁棒性。

DBSCAN(density-based spatial clustering of applications with noise)是最为人们所熟知的密度聚类算法。它的核心思想是基于一个给定的半径 ε 和最小点数 MinPts 来定义数据点的密度。具体来说,如果在一个数据点的 ε 半径内有至少 MinPts 个其他数据点,那么这个数据点被认为是一个核心点。基于这个核心点,可以进一步扩展出一个密度相连的簇。与此同时,DBSCAN 还定义了边界点和噪声点,边界点是那些在 ε 半径内有少于 MinPts 个数据点,但是距离某个核心点很近的点;而噪声点则既不是核心点,也不是边界点。例如,中国的大型电商平台可能会使用 DBSCAN 对用户的购买行为进行聚类，以发现特定的购买模式或用户群体。

OPTICS（ordering points to identify the clustering structure）是 DBSCAN 的一个扩展，它试图克服 DBSCAN 在选择半径 ε 时的困难。与 DBSCAN 不同，OPTICS 不需要预先设定半径 ε，而是生成一个表示数据点密度的可视化结构。这个结构可以帮助用户理解数据的密度分布，并选择不同的密度级别进行聚类。OPTICS 的工作原理是先对数据点进行排序，然后基于这个排序和一个给定的 MinPts 值，确定数据点的核心距离和可达距离。核心距离是使数据点成为核心点所需的最小半径，可达距离是数据点到某个核心点的最大距离。基于这两个距离，OPTICS 可以生成一个表示数据点密度的可视化结构，称为可达性图。在中国的城市规划中，OPTICS 可能被用于分析城市中的人口密度，以帮助规划者更好地了解城市的人口分布情况和流动模式。

2. 密度聚类的软件工具

密度聚类是数据分析中的一个重要技术，它允许人们基于数据点之间的密度来发现数据中的结构和模式。为了方便用户进行密度聚类，许多软件工具都已经集成了这一技术。

Scikit-learn 是 Python 社区中最受欢迎的机器学习库之一。国内的互联网巨头（如阿里巴巴和腾讯）在某些数据科学项目中都使用了 Scikit-learn。它提供了一个简洁、高效的 API，允许用户轻松地实现各种机器学习算法，包括密度聚类。Scikit-learn 中的 DBSCAN 和 OPTICS 的实现都基于高效的数据结构和算法，这使得它们可以在大规模数据集上进行快速的聚类分析。

ELKI 是一个专门为数据挖掘设计的开源软件。国内某些研究机构和大学在进行数据挖掘研究时，选择 ELKI 作为实验工具，因为它提供了丰富的算法和实例数据集。

例如,某国内电商平台想要了解用户的购物习惯,可能会运用 Scikit-learn 中的 DBSCAN 或 OPTICS 算法来对用户的购物记录进行聚类分析。通过这种分析,电商平台可以发现哪些用户有相似的购物习惯,从而为这些用户提供更精准的商品推荐。在国内,密度聚类方法被广泛应用于各种领域,如社交网络分析、电商推荐和金融风险评估等。例如,在一个大型的电商平台上,有数以百万计的商品和用户。为了提高用户的购买转化率,平台需要对用户进行精准推荐。通过使用密度聚类方法,平台可以将具有相似购买行为的用户分为一类,从而为每类用户推荐最为相关的商品。例如,通过分析用户的购买记录和浏览历史,平台发现有一个用户群体经常购买婴儿用品和孕妇服饰,那么就可以向这类用户推荐更多相关的商品,如婴儿食品、玩具和孕妇书籍等。

3.2.4 基于统计模型的聚类的软件应用

基于统计模型的聚类是近年来在数据分析领域中受到广泛关注的一种先进的聚类方法。与传统的 K- 均值聚类或层次聚类方法相比,基于统计模型的聚类的核心思想是基于概率模型对数据进行聚类。这种方法不仅仅依赖于数据点之间的距离或相似性对数据进行聚类分析,还试图找到一个最合适的概率模型,并基于该模型将数据点分到不同的集群中。这种方法的一个显著优点是它可以更好地处理不同形状和大小的数据集,为人们提供了更大的灵活性。

StatPlus 作为一个用户界面友好的统计软件,提供了一个强大的平台,使人们可以轻松地应用各种统计分析工具,包括基于统计模型的聚类。此外,StatPlus 还提供了其他与聚类和数据分析密切相关的课程,如实验设计、数据挖掘等,这为数据分析师提供了一个全面的学习和应用平台。

正态混合模型是基于统计模型的聚类中的一种常用方法，特别是在处理多元数据时。它的基本思想是假设数据是由多个正态分布组成的混合体。通过这种方法，数据分析师可以识别出数据中的多个子集群，这对于那些明显由多个子集群组成的数据集特别有用。例如，一个电商平台的用户购买数据可能包含多个不同的用户群体的购买数据，如高频购买者、偶尔购买者和首次购买者的购买数据。通过正态混合模型，数据分析师可以识别出这些不同的用户群体，并针对不同群体制定不同的营销策略。

StatPlus 的软件实战部分为数据分析师提供了一个实际应用的环境，人们可以在这个环境中直接应用所学的知识，进行实际的数据分析。这种实际操作的机会，对于那些希望在真实环境中应用基于统计模型的聚类的人们来说是非常宝贵的。它通过让人们实际运用所学知识，帮人们巩固所学理论知识。StatPlus 还提供了其他与数据分析相关的课程，如决策树、数据挖掘、时间序列预测等。这些课程为那些希望深入了解数据分析的各个方面的知识的人们提供了宝贵的资源。通过这些课程，人们可以拓展他们的知识面，学习更多的分析技巧和方法，从而更好地应对各种数据分析挑战。

3.3 聚类分析的模型评估和优化

聚类分析的目的是将数据集分组，使同一组内的数据点彼此相似，而不同组的数据点彼此不同。但如何衡量聚类的效果并进行优化呢？本节将探讨聚类效果的评价指标，如何使用软件工具可视化聚类结果，以及如何选择和应用策略来优化聚类模型。通过这些工具和策略，研究者可以更有效地解释聚类结果，确保其准确性和可靠性。

3.3.1 聚类效果的软件评价指标

为了评估聚类的效果，研究者提出了许多评价指标。随着大数据技术和人工智能技术的发展，许多国内软件开始集成这些评价指标，如阿里云机器学习平台、百度 AI 开放平台和腾讯云 TI-ONE 等。

1. 轮廓系数

轮廓系数是一种用于评估聚类效果的指标，它为人们提供了一个量化的方法来判断聚类的质量。聚类分析的目标是确保同一个簇内的数据点尽可能相似，而不同簇的数据点尽可能不同。轮廓系数正是基于这一思想设计的，它结合簇内相似性和簇间差异性，为每个数据点生成一个值，这个值的范围在 –1 到 1 之间。

利用腾讯云 TI-ONE 平台可使轮廓系数计算变得非常简单。用户只需上传数据和聚类结果，平台就可以自动计算轮廓系数。这为用户提供了一个快速、准确的方法来评估聚类效果，使他们无须进行复杂的计算或编写代码。

轮廓系数的计算包括两个主要部分：簇内距离和簇间距离。簇内距离是数据点与其所在簇中其他数据点之间的平均距离，反映了簇内数据点的相似性。簇间距离是数据点与其最近的另一个簇中的所有数据点之间的平均距离，反映了簇间数据点的差异性。轮廓系数是这两个距离的差值除以它们中的较大值。

轮廓系数的值越接近 1，表示聚类效果越好，因为这意味着簇内的数据点彼此之间非常相似，而与其他簇的数据点非常不同；轮廓系数的值接近 –1，意味着聚类效果很差，因为数据点与其他簇内的数据点更相似，而不是与其所在的簇内的数据点更相似。轮廓系数的值接近 0 表示数据点在簇内和簇间的相似性差不多，这可能意味着聚类结构不够清晰。

在腾讯云 TI-ONE 平台上，轮廓系数不仅可以对整个数据集进行总体的评估，还可以对每个数据点进行单独的评估。这可以帮助用户进行更细致的数据分析，帮助他们识别那些可能被错误分类的数据点，从而进一步提升聚类效果。

2. 戴维斯 – 博尔丁指数

戴维斯 - 博尔丁指数（Davies-Bouldin index, DBI）是一种用于评估聚类效果的指标。与其他评估指标不同，DBI 结合簇内的紧密度和簇间的分离度来为每个簇生成一个值。一个理想的聚类结果应该具有较小的簇内距离和较大的簇间距离，这意味着簇内的数据点彼此之间非常相似，而与其他簇的数据点非常不同。因此，较低的 DBI 通常表示聚类效果较好。

百度 AI 开放平台作为国内领先的 AI 技术平台，为用户提供了一系列的数据分析和机器学习工具，同时为用户提供了戴维斯 - 博尔丁指数的计算功能。这意味着用户可以直接在平台上上传数据和聚类结果，得到 DBI，从而快速、准确地评估聚类效果。

在使用百度 AI 开放平台计算 DBI 时，用户首先需要准备数据和聚类结果，其次，选择 DBI 计算功能，上传数据，并设置相关参数。平台会自动为每个簇计算其簇内距离和与其他簇的最小簇间距离，然后结合这些值来计算 DBI。计算完成后，用户可以直接在平台上查看结果，无须进行其他操作。

DBI 的计算考虑了两个主要因素：簇内的紧密性和簇间的分离度。簇内的紧密性指簇内所有数据点与簇中心的平均距离，反映了簇内数据点的相似性。簇间的分离度指两个簇的中心之间的距离，反映了簇间数据点的差异性。DBI 是这两个因素的组合，它为每个簇生成一个值，然后取所有簇的平均值作为最终的 DBI。

百度 AI 开放平台的 DBI 计算功能为用户提供了一个简单、高效的评估聚类效果的方法。与手动计算或使用其他工具相比，这种方法更为直观、准确。此外，由于百度 AI 开放平台提供了丰富的数据分析和机器学习工具，用户可以进一步优化聚类结果，从而得到更低的 DBI。

3.Calinski-Harabasz 指数

Calinski-Harabasz 指数也被称为方差比标准，是一种评估聚类效果的指标。它基于簇间和簇内的散度来评估聚类的质量。具体来说，这个指数是簇间散度与簇内散度的比值，乘一个与样本数量和簇数量相关的因子。较高的 Calinski-Harabasz 指数通常表示较好的聚类效果，因为它意味着簇间的差异大于簇内的差异。阿里云机器学习平台为用户提供了一系列先进的数据分析工具。Calinski-Harabasz 指数的计算是其聚类分析功能的一部分。用户可以在这个平台上直接计算 Calinski-Harabasz 指数，从而快速、准确地评估聚类效果。

在使用阿里云机器学习平台计算 Calinski-Harabasz 指数时，用户首先需要上传数据和聚类结果。平台提供了一个简单的用户界面，用户可在平台上选择数据文件，设置相关参数，并开始计算任务。一旦任务完成，用户可以直接在平台上查看 Calinski-Harabasz 指数以及其他相关的统计信息。阿里云机器学习平台的 Calinski-Harabasz 计算工具使用了先进的算法和技术，确保结果的准确性和计算的效率。此外，由于平台提供了丰富的数据预处理、数据可视化和数据分析工具，用户可以进一步探索数据，调整聚类参数，从而得到更高的 Calinski-Harabasz 指数。除了 Calinski-Harabasz 指数，阿里云机器学习平台还提供了其他聚类评估工具，如轮廓系数、戴维斯 - 博尔丁指数等。这为用户提供了一个丰富的工具，帮助他们从不同的角度评估聚类效果，确保得到最佳的结果。

4. 调整后的 Rand 指数

调整后的 Rand 指数（adjusted rand index, ARI）是评估聚类效果的一种指标，特别是在比较两种聚类结果的一致性时。它是对原始的 Rand 指数进行修正后得到的，以确保在随机分配的情况下其值为零。这意味着，如果两个数据划分是完全随机的，那么调整后的 Rand 指数的值将为零，而不是原始 Rand 指数可能的正值。

Rand 指数的计算基于两个数据划分的成对数据点的一致性。具体来说，它考虑了在两个划分中都在同一簇中的数据点对和在两个划分中都不在同一簇中的数据点对。然而，原始的 Rand 指数有一个问题，那就是它对随机划分给出了正值。为了解决这个问题，调整后的 Rand 指数引入了一个修正因子，使得在随机划分的情况下其值为零。

随着数据科学和机器学习的迅速发展，国内越来越多的研究团队和企业开始关注聚类算法的效果评估。调整后的 Rand 指数作为一个公认的鲁棒的评估指标，被广泛应用于各种聚类算法的聚类效果评估中。许多大学的研究团队在发表关于新的聚类算法或改进方法的研究论文时，都会使用调整后的 Rand 指数来证明方法的有效性。例如，某大学的研究团队开发了一种新的基于图论的聚类算法。为了证明其效果，该研究团队可以在多个公开数据集上进行实验，并使用调整后的 Rand 指数评估聚类效果。通过这种方式，该研究团队可以直观地展示他们的算法在不同情况下的性能，并为后续的研究提供有价值的信息。调整后的 Rand 指数也被应用于实际的业务场景中。例如，电商公司可能会使用聚类算法对用户进行分群，以便为他们提供更个性化的服务。为了确保分群的效果，电商公司可能会使用调整后的 Rand 指数来评估不同聚类算法或参数设置的聚类效果。

5. 归一化互信息

归一化互信息（normalized mutual information, NMI）是一种评估聚类效果的指标，特别是在比较真实的类标签和聚类结果的一致性时。它基于互信息（mutual information）的概念，通过归一化处理，使其值落在 [0,1] 区间内。其中，0 表示两个划分完全独立，1 表示两个划分完全一致。

互信息是信息论中的一个重要概念，用于衡量两个随机变量之间的相互依赖性。在聚类的背景下，这两个随机变量通常是真实的类标签和聚类结果。互信息的值越大，表示这两个随机变量之间的相互依赖性越强，即聚类结果与真实的类标签越一致。互信息的值受数据集的大小的影响，归一化互信息引入了归一化处理，使其值不受数据集大小的影响。具体来说，归一化互信息是原始互信息与两个随机变量的熵的平均值的比值。

随着数据科学和机器学习技术的迅速发展，归一化互信息作为一个公认的鲁棒的评估指标，被广泛应用于各种聚类算法的效果评估中。特别是在数据科学竞赛中，归一化互信息经常被选为评价指标，因为它可以为参赛者提供一个公平、客观的评价标准。例如，某次全国范围的数据科学竞赛中，参赛者需要对一个大型的文本数据集进行聚类。为了评价参赛者的聚类效果，组委会选择归一化互信息作为评价指标。这样参赛者可以根据归一化互信息的值来调整和改进聚类方法，从而获得更好的竞赛成绩。归一化互信息也被应用于实际的业务场景中。例如，某互联网公司使用聚类算法对用户的浏览行为进行分群，以便针对不同客户的需要推荐商品。为了确保分群的效果，公司可以使用归一化互信息来评估不同聚类算法或参数设置的聚类效果。

6.Fowlkes-Mallows 指数

Fowlkes-Mallows 指数（Fowlkes-Mallows index, FMI）是一种用于评估聚类效果的指标，特别是在比较真实的类标签和聚类结果的一致性时。FMI 是精确度和召回率的几何平均值，因此它综合了精确度和召回率这两个指标的信息，为聚类效果提供了一个全面的评价。

在聚类的背景下，精确度反映在聚类结果中被归为同一簇的数据点中，有多少是真实属于同一类的，而召回率则反映在真实属于同一类的数据点中，有多少被正确地归为了同一簇。FMI 的取值范围是 [0,1]，其中 1 表示完美的聚类效果，0 表示最差的聚类效果。

随着人工智能技术和数据科学的迅速发展，Fowlkes-Mallows 指数作为一个公认的评估指标，被广泛应用于聚类算法的效果评估中。国内的 AI 研究机构和大学实验室在发表聚类相关的研究论文时，经常会使用 FMI 来评估聚类效果。这是因为 FMI 不仅评估了聚类的准确性，还评估了聚类的完整性，因此它可以为研究者提供一个更全面的评价。研究者可将 FMI 作为主要的评价指标，从而全面评价自己的研究成果。FMI 也被应用于实际的业务场景中。例如，某大型电商公司可能会使用聚类算法，根据用户的购买行为对用户进行分群，以便更有针对性地向他们推荐商品。为了确保分群的效果，公司可能会使用 FMI 来评估采用不同聚类算法进行聚类分析的效果。

聚类效果的评价是一个复杂的问题，需要综合考虑多种因素。在实际应用中，应该根据数据的特性和应用场景选择合适的评价指标，并结合实际情况进行调整和优化，以获得最佳的聚类效果。随着技术的发展，越来越多的软件和平台开始提供这些评价指标，为用户进行聚类效果的评估提供了方便。

3.3.2 聚类结果的可视化软件工具

完成聚类分析后，一个关键的步骤是对聚类结果进行可视化，以便更好地理解和解释数据的结构和模式。目前，有多种软件工具可以帮助用户实现这一目标。

1. ECharts

ECharts 是由百度团队开发并维护的开源数据可视化库，已经成为数据分析和可视化领域的重要工具。它不仅为呈现复杂的数据集提供了一种简单、高效的方式，还为用户提供了一系列的交互功能，使得数据的探索和分析变得更加直观和深入。

在大数据时代，数据已经不再以简单的数字和表格的形式呈现。为了更好地理解和解释数据，人们需要将其转化为图表。ECharts 正是为了满足这一需求而诞生的。它支持多种图表类型，包括但不限于柱状图、折线图、饼图、散点图、热力图、雷达图和树状图等。这为用户提供了强大的助力，帮助他们从不同的角度和层次来探索和解读数据。

特别是在聚类分析这一领域，ECharts 展现了其强大的实力。例如，研究者使用 K- 均值或 DBSCAN 等算法对数据进行聚类后，可以使用 ECharts 的散点图功能来可视化聚类结果。每个点代表一个数据对象，而不同的颜色或形状可以表示不同的簇；也可以使用 ECharts 的热力图功能来展示数据的密度分布，帮助人们更好地理解数据的结构和特点。

除了丰富的图表类型，ECharts 还提供了一系列的交互功能，如缩放、拖拽和提示框等。这使得用户可以更加深入地探索数据，发现其中的模式和关系。例如，当用户对某个簇感兴趣时，他们可以放大该簇，查看其内部的数据分布；当用户想要了解某个数据点的详细信息时，他们可以将鼠标悬停在该点上，查看其属性和值。

ECharts 已经被广泛应用于各种数据分析和可视化项目中，无论是大型的互联网公司，还是小型的创业团队，都在使用 ECharts 来呈现和分享数据。这是因为 ECharts 的开源性质使它可以被自由地修改和扩展，满足各种特定的需求。

2. Pyecharts

Pyecharts 作为 ECharts 图表库在 Python 环境中的封装，为数据科学家和分析师提供了一个强大的工具，使他们能够在 Python 中轻松地创建、自定义和呈现 ECharts 图表。这一结合不仅继承了 ECharts 的可视化优势，还为 Python 社区带来了更好的数据可视化解决方案。

在数据分析和机器学习领域，Python 已经成为最受欢迎的编程语言之一。其丰富的库和框架，如 Pandas、Scikit-learn 和 TensorFlow，使 Python 在数据处理、分析和模型训练中发挥了关键作用。然而，当涉及数据可视化时，Python 长期以来却缺乏一个既强大又灵活的工具。Pyecharts 的出现，正好弥补了这一不足。

用户可以创建一个完整的 ECharts 图表，无须深入了解 ECharts 的复杂配置。这得益于 Pyecharts 为常见的图表类型提供了预设的方法和参数，如 bar()、line() 和 scatter() 等。此外，Pyecharts 还支持链式调用，使得图表的创建和配置变得更为流畅和直观。

除了基本的图表类型，Pyecharts 还提供了一系列的高级功能，如地图、雷达图和 3D 图等。这使得 Pyecharts 不仅可用于进行简单的数据可视化，还适用于更为复杂的场景，可满足更复杂的需求。例如，用户想要展示中国各省份的销售数据时，可以使用 Pyecharts 的地图功能，将数据直观地呈现在一张地图上。

此外，Pyecharts 有丰富的自定义选项。虽然 Pyecharts 为用户提供了许多预设的样式和配置，但它仍然保留了 ECharts 的灵活性，允许用户根据自己的需求进行深度定制。这意味着，无论用户的数据和需求有多么特殊，Pyecharts 都能为他们提供一个令他们满意的数据可视化解决方案。

3. AntV

AntV 作为蚂蚁金服旗下的数据可视化解决方案，已经在国内的数据可视化领域占据了一席之地。这套解决方案的出现，不仅满足了企业级应用的数据可视化需求，还为开发者和数据分析师提供了一个高效、灵活且功能丰富的工具。

蚂蚁金服作为国内领先的金融科技公司，需要处理海量的数据。为了更好地理解、分析和呈现这些数据，蚂蚁金服推出了 AntV。AntV 最初是为了满足内部的数据可视化需求而设计的，但很快，其强大的功能和出色的性能就吸引了大量的外部开发者和企业。

在 AntV 的众多库中，G6 和 F2 无疑是最为出色的两个。G6 专为图数据设计，提供了一系列的图分析、图编辑和图展示工具。无论是社交网络、知识图谱还是物联网，G6 都能为用户提供完美的可视化解决方案。它支持丰富的图布局，如树状图、环图和力导向图等，同时还提供了交互功能，如缩放、拖拽和高亮等。这使得 G6 不仅可以为用户呈现美观的图形，还可以帮助他们深入地探索和分析数据。F2 是专为移动端设计的可视化库。随着移动互联网的发展，移动端的数据可视化需求日益增长。F2 正是为了满足这一需求而设计的。它采用了全新的设计理念，确保图表在移动设备上有良好的显示效果。此外，F2 还提供了丰富的触摸交互功能，如滑动、点击和双击等，使得用户可以在移动设备上轻松地探索和分析数据。

AntV 的成功不仅仅在于其有强大的功能和出色的性能，还在于其具有开源性。蚂蚁金服将 AntV 开源，使得全球的开发者都可以根据自己的需求，编写自己的算法，共同推动数据可视化技术的发展，也为人们提供了功能丰富的工具。

4. 百度地图

百度地图作为国内最受欢迎的在线地图应用之一，已经深深影响了人们的日常生活。无论是导航出行、查找餐厅，还是规划旅行路线，百度地图都为用户提供了便捷的服务。但除了这些常见的功能，百度地图还拥有一个强大而经常被忽视的功能：地理信息可视化。

地理信息可视化通过将数据与地理位置相结合，使用户可以更直观地理解数据的空间分布和地理特征。百度地图为此提供了一系列的工具和 API，使得地理信息可视化变得简单而高效。

例如，一个零售企业希望了解其在全国的销售情况。传统的数据分析方法可能会提供一个表格或柱状图，显示企业每个城市的销售额。但通过百度地图的地理信息可视化工具，企业可以直接在地图上看到每个城市的销售热点，甚至可以进一步查看每个区域、每个街道的销售情况。这种直观的展示方式不仅使数据呈现方式变得更加生动，还可以帮助企业更快地发现潜在的商业机会或问题。

百度地图的地理信息可视化工具还支持多种数据展示方式，如热力图、散点图和轨迹图等。这为用户提供了更多的选择，使得数据分析更加灵活。例如，一个物流公司可以使用轨迹图来展示货物的运输路线，而一个旅游公司则可以使用热力图来展示各个景点的人流量。

百度地图还提供了丰富的 API，使得开发者可以轻松地将地理信息可视化功能集成到自己的应用中。这为那些希望提供定制化地图服务的企业提供了极大的便利。例如，一个房地产公司可以在其官方网站上集成百度地图，为用户提供周边设施、交通情况等地理信息。

5. Tushare

Tushare 作为国内颇受欢迎的金融数据 Python 库，已经成为许多金融分析师、数据科学家和研究者的首选工具。在金融市场中，数据是最有价值的资产之一。无论是股票、期货、债券还是外汇，每一笔交易、每一次价格变动都会产生大量的数据。如何从这些数据中提取有价值的信息，进而做出明智的投资决策，是每一个金融从业者的核心任务。

Tushare 的出现为金融数据分析提供了一个强大而灵活的工具。它不仅提供了丰富的金融数据，如股票价格、交易量、财务报表等，还提供了一系列的数据处理和分析工具，帮助用户快速地从数据中提取有价值的信息。其中，Tushare 的数据可视化功能尤为突出。在金融数据分析中，数据可视化是非常重要的，可以帮助用户直观地理解数据的分布、趋势和关系。而 Tushare 提供的数据可视化工具，不仅支持常见的图表类型，如折线图、柱状图和饼图，还支持一些专门为金融数据设计的图表，如 K 线图、成交量图和 MACD 图等。这为用户提供了更多的选择，使得数据分析更加直观和生动。

除了数据可视化，Tushare 还提供了一系列的数据分析工具，如移动平均、波动率和相关系数等。这些工具可以帮助用户深入地分析金融数据，发现数据背后的规律和模式。例如，通过移动平均，用户可以快速判断股票的趋势；而通过波动率，用户可以评估股票的风险。

Tushare 的真正价值不仅仅在于它提供的数据和工具，更在于它的开放性和灵活性。作为一个开源的 Python 库，Tushare 允许用户自由地获取、处理和分析数据。用户可以根据自己的需求，编写自己的分析算法，或者与其他 Python 库结合，如 Scikit-learn、TensorFlow 等，进行更深入的数据挖掘和机器学习。

6. 阿里云 DataV

阿里云 DataV 作为阿里云旗下的数据可视化工具，已经成为众多企业和个人进行数据分析和展示时的首选工具。在当今这个数据驱动的时代，如何将复杂的数据转化为直观、易于理解的图表，是每一个进行数据分析的人面临的挑战，而 DataV 正是为了应对这一挑战而生。

DataV 提供了丰富的图表和可视化组件，涵盖了柱状图、折线图、饼图、地图、散点图、热力图等几乎所有常见的图表类型。这为用户提供了极大的便利，使他们可以根据数据的特点和需求，选择最合适的图表进行展示。而且，DataV 的图表展示不仅仅是静态展示，还能以动画的形式呈现，可以与用户交互，使数据展示更加生动和有趣。

除了提供丰富的图表类型，DataV 还提供了强大的数据处理和分析功能。用户可以直接在 DataV 中对数据进行筛选、排序、分组和计算，无须依赖其他工具。这大大简化了数据分析的流程，提高了工作效率。同时，DataV 支持多种数据源，如数据库、API 和 CSV 文件等，使得数据导入变得非常方便。

但 DataV 的真正亮点在于它的实时数据展示功能。在很多场景中，如股票交易、物流监控和网络流量分析等场景中，数据是实时变化的，需要实时展示和分析，DataV 可以轻松地实现数据的实时获取、处理和展示。这不仅仅提高了数据的时效性，更为决策者提供了实时的决策依据。

DataV 还提供了丰富的定制化和扩展功能。用户可以根据自己的需求和喜好，对图表的颜色、字体和布局进行定制。而且，DataV 支持插件和 API，用户可以根据自己的需求，开发自己的组件和功能，进一步扩展 DataV 的能力。

这些工具都为数据分析师和研究者分析和展示数据提供了强大的功能，帮助他们更好地理解和解释聚类分析的结果。

3.3.3 聚类模型的优化策略与软件选择

聚类是一种无监督学习方法，主要用于将相似的数据点分在一组。优化聚类模型是确保其具有良好性能的关键，以下是一些常用的聚类模型优化策略和推荐选用的国内软件。

1. 优化策略

优化策略在聚类分析中扮演着至关重要的角色，因为它直接影响到聚类的效果。聚类是一种无监督的机器学习方法，目的是将相似的数据点分在一组。为了实现这一目标，人们需要确保使用的策略是最优的，从而得到最佳的聚类结果。

选择合适的距离度量方法是至关重要的，因为距离度量方法决定了数据点之间的相似性如何计算。例如，欧几里得距离是在许多情况下使用的标准距离度量，但对于某些数据，如高维数据或非线性数据，其他距离度量，如曼哈顿距离或余弦相似性，可能更为合适。因此，根据数据的特性选择合适的距离度量方法是提高聚类效果的关键。

特征选择和降维在聚类中也非常重要。不是所有的特征都是有用的，一些特征可能是冗余的，或者与人们的聚类目标无关。通过特征选择，人们可以去除这些不必要的特征，从而提高聚类的效果。此外，降维技术，如主成分分析（principal component analysis, PCA），可以将数据从高维空间映射到低维空间，同时保留数据的主要变化趋势。这样不仅可以降低计算的复杂性，还可以提高聚类的效果。

选择合适的聚类算法也是优化策略的一个重要部分。不同的数据集可能更适合采用不同的聚类算法。例如，对于球形的集群，K-means 可能是一个好的选择；但对于形状不规则的集群，DBSCAN 可能更为合适。因此，根据数据的特性和需求选择合适的聚类算法至关重要。

对于需要初始化中心点的算法，如 *K*-means，选择合适的初始中心点是非常重要的。不合适的初始中心点可能导致算法陷入局部最优解，或者需要更多的迭代次数才能收敛。通过使用 *K*-means++ 等方法选择初始中心点，可以加速算法的收敛并提高其准确性。

动态调整参数是提高聚类效果的另一个关键策略。聚类的效果很大程度上取决于参数的选择，如 *K* 值、距离阈值等。根据聚类结果动态调整这些参数，可以进一步提高聚类效果。

2. 软件选择

在数据分析和机器学习领域，选择合适的软件工具是至关重要的。不同的软件工具具有不同的特点和功能，可以满足不同用户的需求。以下是对一些国内流行的聚类分析软件工具的详细介绍。

FastClus：FastClus 是国内开发的一个高效聚类软件，它的主要特点是支持多种聚类算法，包括 *K*-means、层次聚类、DBSCAN 等。此外，FastClus 还支持大规模数据的处理，可以轻松处理数百万甚至数亿的数据点，这使 FastClus 成为那些需要处理大规模数据的企业和研究机构的首选。FastClus 的用户界面友好，操作简单，即使是没有聚类经验的用户，也可以轻松上手操作。

聚类大师：聚类大师是一个专门为聚类分析设计的软件工具。它提供了丰富的聚类算法，包括传统的 *K*-means 和层次聚类，以及一些先进的聚类算法，如 DBSCAN 和 OPTICS。此外，聚类大师还提供了丰富的可视化工具，用户可以直观地查看聚类结果。

DataV：DataV 是阿里巴巴推出的数据可视化工具。除了提供丰富的数据可视化功能外，还提供了一些聚类分析功能。用户可以在 DataV 上上传数据，选择聚类算法，然后直观地查看聚类结果。DataV 的界面设计现代且直观，非常适合那些希望将聚类分析工具与数据可视化工具结合使用的用户。

天池大数据众智平台：天池大数据众智平台是阿里巴巴推出的大数据平台，提供了丰富的数据处理和分析工具。在天池大数据众智平台上，用户可以进行数据预处理、特征工程、模型训练和评估等一系列数据分析任务。其中，天池大数据众智平台的聚类分析功能非常强大，支持多种聚类算法，并提供了丰富的可视化工具。

IBM 鹰眼大数据平台：IBM 鹰眼大数据平台是一个基于云的数据分析平台，提供了多种数据挖掘和聚类分析工具。IBM 鹰眼大数据平台的主要特点是支持实时数据处理和分析，这使得 IBM 鹰眼大数据平台特别适合那些需要实时分析数据的企业和机构。此外，IBM 鹰眼大数据平台还提供了丰富的 API，开发者可以轻松地将 IBM 鹰眼大数据平台与其他系统集成。

在实际应用中，需要根据具体的数据特点和需求选择聚类模型优化策略，选择软件。

第 4 章　因子分析

因子分析是多变量统计分析中的一种方法，主要用于识别观测变量中的潜在结构。本章将深入探讨因子分析的基础知识、步骤、方法和相关软件工具。首先，本章将从因子分析的定义、目的开始，探索其背后的假设，以及如何使用软件进行验证。其次，本章将详细介绍因子提取、旋转和得分的计算方法，并展示如何使用国内软件工具进行操作。最后，本章将通过实际案例，展示因子分析在实际研究中的应用方式和价值。

4.1　因子分析的基础知识

因子分析是一种探索性的统计方法，旨在揭示数据背后的潜在结构。本节将详细介绍因子分析的核心概念和目的，解释其背后的统计假设，并介绍如何使用国内软件进行验证，还将探讨因子提取的各种方法和软件选择，以及因子旋转的理论基础和软件实现技巧，帮助读者全面了解因子分析的基础知识。

4.1.1　因子分析的定义与目的

因子分析是多变量统计分析中的一种方法，它的主要目的是将观察到的多个变量减少为数量更少的潜在变量，这些潜在变量称为因子。这些因子可以帮助人们理解变量之间的结构和关系，从而为数据提供一个更简洁、更有组织的表示方式。

1. 定义

因子分析是一种数据简化技术，旨在识别和解释数据中的变量之间的关系。通过这种方法，原始数据中的变量可以被减少到较少的维度，这些维度称为因子。

2. 目的

因子分析在许多领域，如心理学、社会学、经济学和市场研究中都有广泛的应用。进行因子分析的主要目的如下。

在现代研究中，数据的规模不断扩大，复杂性迅速增强，处理大量的变量可能会导致分析变得复杂和费时。因子分析的一个主要优势是它可以将大量的观测变量简化为几个关键的潜在因子。这不仅可以减少数据的维度，还可以帮助研究者更清晰地了解数据的核心结构。例如，在市场研究中，研究者对消费者的购买行为进行调查，收集了大量的数据。通过因子分析，他们可以将这些数据简化为几个关键的消费者特征或趋势，从而更有效地进行分析和做出决策。

因子分析不仅可以简化数据，还可以揭示数据的潜在结构。这意味着研究者可以识别出哪些变量是紧密相关的，并了解它们如何组合成特定的因子。这种结构识别对于理解变量之间的关系以及它们对研究结果的影响至关重要。例如，在心理学研究中，研究者想要了解不同的心理特质如何影响个体的行为。通过因子分析，研究者可以识别出这些特质的核心组成部分，从而更深入地理解它们的相互作用。

因子分析还可以用于验证。许多研究都基于某些理论或假设，通过因子分析，研究者可以检验这些理论或假设是否在实际中得到支持。例如，一个教育研究提出如下假设：学生的学术成就受到他们的认知能力和动机的影响。通过因子分析，研究者可以验证这两个因子是否确实存在，研究它们与学术成就之间的关系如何。

基于因子分析的结果，研究者可以创建新的合成变量。这些变量通常是原始变量的线性组合，可以在后续的分析中使用。这种方法帮助研究者更有效地利用数据，同时为进一步的研究提供了新的视角和方向。

为了更好地理解因子分析的定义和目的，可以考虑以下例子：假设一个教育研究者为对学生的学术成就进行研究，收集了学生的考试成绩、作业成绩、课堂参与度、团队合作能力等多个变量。这些变量数量众多，处理起来相当复杂。通过因子分析，研究者可能会发现这些变量可以归纳为几个主要的因子，如学术能力和团队合作能力。这样，研究者就可以更快速、更有针对性地分析数据，而不需要分析大量数据。

4.1.2　因子分析的假设与软件验证

因子分析是一种多变量统计方法，它的应用基于一些关键的统计假设，违反这些假设可能会导致因子分析的结果不准确或误导他人。因此，了解这些假设并使用合适的软件工具验证假设是至关重要的。

1. 因子分析的主要假设

为了确保因子分析的有效性和准确性，必须满足一些基本的假设。以下是因子分析的主要假设及其详细解释。

因子分析的核心是基于观察到的变量之间的线性关系来提取潜在的因子。这意味着，为了有效地进行因子分析，观察到的变量之间应该存在某种线性关系。换句话说，一个变量的变化应该与其他变量的变化成比例。如果变量之间的关系是非线性的，那么因子分析可能无法准确地捕捉到这些关系，从而产生具有误导性的结果。

因子分析的许多统计推断都基于数据服从正态分布的假设。这意味着每个变量的观察值都应该大致呈正态分布，这样可以确保因子负荷量的估计是无偏的，并且统计检验的结果是有效的。如果数据严重偏离正态分布，可能需要进行某种形式的数据转换，如对数转换或 Box-Cox 转换，以满足此假设。

多重共线性是指两个或多个变量之间存在高度的线性关系。在因子分析中，如果存在多重共线性，那么这些变量可能会被错误地归为同一个因子，从而导致因子的解释变得困难。为了检测多重共线性，可以计算变量之间的相关系数或使用方差膨胀因子（variance inflation factor, VIF）。

样本大小对因子分析的结果有很大的影响。一个较小的样本可能导致因子结构不稳定和抽样误差过高，一个较大的样本（如 200 个或更多的观察值）通常会产生更稳定和更可靠的结果。一般来说，建议每个变量至少有 5 到 10 个观察值。

因子分析的目的是基于变量之间的相关性来提取潜在的因子。因此，为了进行因子分析，变量之间应该存在至少中等的相关性。如果变量之间的相关性很低，那么可能很难提取出有意义的因子。评估变量之间的总体相关性，可以使用相关矩阵或 Kaiser-Meyer-Olkin（KMO）测试。

2. 软件验证

为了确保因子分析的有效性和准确性，研究者通常会使用专门的统计软件来进行分析和验证。在国内，有多款统计软件提供了因子分析功能，并帮助研究者验证其假设。以下是对这些软件的详细介绍。

（1）SPSS 中文版为用户提供了完整的因子分析工具，包括因子提取、旋转和假设验证。此外，其友好的用户界面和丰富的帮助文档使初学者也能轻松上手操作。

（2）MaxStat 是专为社会科学研究者设计的统计软件。它提供了因子分析功能，并强调了验证因子分析假设的重要性。MaxStat 还提供了多种因子提取和旋转方法，使研究者可以根据自己的需求选择最合适的方法。

4.1.3　因子提取的方法与软件选择

因子分析的核心步骤之一是因子提取，它的目的是从原始数据中提取出少数几个因子，这些因子可以解释观察到的变量中的大部分变异。因子提取的方法有很多，每种方法都有其特点和适用场景，选择合适的软件工具是进行因子提取的关键。

1. 因子提取的主要方法

在因子分析中，因子提取是关键步骤，以下是因子提取的主要方法。

（1）主成分分析（PCA）是因子提取中最常用的方法之一。它的核心思想是将原始数据转化为一组新的正交变量，称为主成分。这些主成分按照解释原始数据变异的能力进行排序，第一个主成分解释最大的变异，第二个主成分解释第二大的变异，照此类推。主成分分析的目标是通过较少的主成分来解释原始数据中的大部分变异。这种方法特别适用于数据降维和可视化。

（2）主轴因子法与主成分分析不同，主轴因子法的目标是直接找到可以解释观察到的变量之间相关性的因子。这种方法不是将原始数据转化为新的变量，而是试图找到可以解释原始变量之间的相关性的潜在的因子。主轴因子法通常会产生比主成分分析更少的因子，因为它只关心解释变量之间的相关性，而不是整体的变异。

（3）最大似然法是一种基于概率模型的因子提取方法。它的目标是找到最有可能产生观察到的数据的因子解。这种方法需要对数据的分布做出一些假设，通常假设数据呈正态分布。最大似然法不仅可以提供因子负荷量，还可以提供关于因子负荷量的统计显著性测试。

（4）图像因子法是一种简化的因子提取方法，它基于相关矩阵的特征值进行因子提取。在运用这种方法时，只考虑那些特征值大于1的因子。这意味着，只有那些能解释一个以上变量的总变异的因子才会被考虑。图像因子法是一种快速而简单的方法，但可能不如其他方法精确。

2. 软件选择

在进行因子分析时，选择合适的因子提取方法和软件工具是至关重要的，因为这将直接影响到分析的结果和对结果的解释。

超星统计这款国内开发的软件为研究者提供了丰富的因子分析功能，包括多种因子提取方法。超星统计的界面设计得非常直观，即使是统计初学者也能够轻松上手操作。它不仅支持传统的因子提取方法，如主成分分析法和主轴因子法，还支持一些先进的方法，如最大似然法。这为研究者提供了更多的选择，使他们可以根据数据特征和研究目的选择最合适的方法。

SPSS中文版无疑是统计分析领域中最为知名和广泛使用的软件之一。它提供了一系列强大的统计分析工具，其中包括因子分析。SPSS支持多种因子提取方法，如主成分分析、主轴因子法和最大似然法等，这使得用户可以根据自己的需要选择合适的方法。此外，SPSS还提供了丰富的数据可视化工具，帮助用户更直观地理解和解释因子分析的结果。

MaxStat是一款国内开发的统计软件，同样提供了因子分析功能。与超星统计相比，MaxStat更注重为初学者提供良好的体验。它的界面设计得非常简洁，所有的功能都经过了精心组织和分类，使用户可以轻松找到并使用他们需要用的工具。

统计学习方法是一款专门为因子分析和其他多变量分析方法设计的

软件。它提供了丰富的功能，如因子提取、旋转和假设验证。这款软件的学习资源丰富，为用户提供了大量的教程和案例，帮助他们更好地理解和应用因子分析。

数据分析与统计软件（data analysis and statistical software, DASS）是一款综合性的统计软件，它不仅提供了因子分析功能，还支持其他多种统计方法。DASS 的因子提取功能尤为强大，支持多种方法，包括一些先进的方法，如图像因子法。

4.1.4　因子旋转的理论与软件实现

1. 因子旋转的理论

因子旋转的主要目标是使从数据中提取出的因子更加具有解释性。当人们在因子分析中提取出因子后，可能会发现这些因子与原始的观察变量之间的关系并不是很明确，这时就需要进行因子旋转，使得每个因子与某些特定的观察变量有较高的相关性，而与其他变量的相关性则较低。

在实际操作中，因子旋转的过程可以被视为在多维空间中重新定位因子的轴，以便更好地解释观察到的数据。这种重新定位的目的是使因子与观察变量之间的关系更加明确，从而使因子结构更加清晰和简洁。这样研究者就可以更容易地解释每个因子代表的含义，以及它们与原始观察变量之间的关系。

因子旋转的方法大致可以分为两大类：正交旋转和斜交旋转。正交旋转的核心思想是确保旋转后的因子之间是正交的，也就是说，因子之间的相关性为零。这意味着每个因子都是独立的，不与其他因子重叠。varimax 方法是最常用的正交旋转方法，它的目标是使每个因子与某些特定观察变量之间的方差最大化，从而使得因子结构更加清晰。quartimax和 equamax 也是两种常见的正交旋转方法，它们的目标和 varimax 略有不同，但都是为了使因子结构更加简洁。与正交旋转不同，斜交旋转允许旋转后的因子之间存在一定的相关性。这意味着斜交旋转可能会得到一些与其他因子有所重叠的因子。promax 是最常用的斜交旋转方法，它在保持因子结构简洁性的同时，允许因子之间存在一定的相关性。oblimin 和 simplimax 也是两种常见的斜交旋转方法，它们与 promax 类似，但在实际操作方面有所不同。

2. 软件实现

因子分析是统计学中的一种多变量分析技术，它的目的是识别观察变量之间的潜在关系。在因子分析中，因子旋转起到了至关重要的作用，它可以帮助研究者更清晰地解释和理解因子结构。许多统计软件都提供了因子旋转的功能，并支持多种旋转方法。

SPSS 中文版是国内广泛使用的统计软件之一，它提供了一系列的因子分析工具，其中包括因子旋转功能。在 SPSS 中，用户可以选择多种旋转方法，包括但不限于 varimax、promax 和 oblimin 等。这些方法既包括正交旋转，又包括斜交旋转，为用户提供了广泛的选择。此外，SPSS的界面设计得非常直观，即使是初学者也可以轻松上手操作。

MaxStat 是一款在国内受欢迎的统计软件。它同样提供了因子旋转的功能，并支持多种旋转方法。与 SPSS 相比，MaxStat 更加注重用户体验，界面设计得更加友好。此外，MaxStat 还提供了一系列的教程和示例，帮助用户更好地理解和使用因子旋转功能。

统计学习方法这款软件专注于多变量分析，提供了多种多变量分析方法，如主成分分析、判别分析、因子分析，为研究者提供了全面的分析工具。其中，因子分析是其核心功能之一。统计学习方法提供了丰富的因子分析工具，如因子提取、旋转和假设验证。统计学习方法支持多种旋转方法，并为用户提供了详细的说明，即使是没有统计学知识的用户，也可以轻松地使用这款软件进行因子旋转。

数据分析与统计软件（DASS）提供了因子旋转功能，支持正交旋转和斜交旋转两种方法，并为用户提供了详细的参数设置选项，用户可以根据自己的研究目的和数据特点选择最合适的旋转方法。

3. 实际应用

以一个国内的市场调查为例，假设研究者想要了解消费者对某品牌手机的看法。调查问卷中包含了多个与手机相关的属性，如外观、性能、价格、品牌形象等。通过因子分析，研究者希望找出几个主要的因子来概括消费者的看法。

在进行因子提取后，研究者发现原始的因子结构不够清晰。于是，他们决定使用 SPSS 中文版进行因子旋转。通过 varimax 正交旋转，研究者得到了一个更加清晰、简洁的因子结构。

4.2　因子分析的步骤和方法

本节将深入探讨因子分析的各个步骤，从因子提取、因子旋转到因子得分的计算，再到处理因子分析的多重性问题。同时，本节将重点介绍如何使用国内流行的统计软件工具来完成这些步骤，确保因子分析的准确性和有效性。

4.2.1　使用软件进行因子提取

因子提取是因子分析中的核心步骤，它的目的是从原始数据中提取出潜在的因子，减少数据的维度，并揭示变量之间的潜在结构。在实际操作中，因子提取通常依赖于专业的统计软件。我国常用的统计软件包括 SPSS、SAS、MATLAB 等。以下将详细介绍如何使用这些软件进行因子提取。

1. SPSS 中的因子提取

在 SPSS 中，进行因子提取的过程既直观又简单。导入数据是进行因子分析的第一步。SPSS 支持多种数据格式，包括 Excel、CSV 等。用户只需通过文件菜单导入数据，然后在数据视图中查看和编辑数据即可。这为后续的分析提供了坚实的基础。用户选择进行因子分析的功能，在打开的对话框中，选择需要进行因子提取的变量。这些变量通常是研究者希望探索其潜在关系的那些变量。选择变量后，用户可以进一步设置提取方法。SPSS 提供了多种因子提取方法，如主成分分析和主轴因子分析。这些方法有各自的优点和适用场景，研究者可以根据自己的研究目的和数据特性选择合适的方法。

在"提取"选项卡中，用户可进一步设置选项。例如，用户可以选择提取的因子数，这通常是基于特定的准则，如特征值大于 1 的规则。此外，用户还可以设置其他参数，如旋转方法和得分方法等。点击"确定"后，SPSS 将开始进行因子提取。这一过程可能需要一些时间，具体需要多长时间取决于数据规模的大小和数据复杂性。完成后，SPSS 输出详细的结果，包括因子负荷量、特征值和旋转后的因子结构等。这些结果为研究者提供了宝贵的信息，帮助他们理解变量之间的潜在关系，并为后续的研究提供了方向。

2. SAS 中的因子提取

SAS 是一款在全球范围内广泛使用的统计分析系统，可用于处理、分析和可视化数据。尽管 SAS 提供了图形用户界面，但其真正的优势在于编程能力，在于其允许用户编写和执行复杂的统计分析脚本。因子分析是 SAS 提供的众多高级统计方法之一，允许用户探索多个变量之间的潜在关系。

在 SAS 中，用户可以通过多种方式导入数据，包括直接从数据库、CSV 文件或其他数据源中读取。一旦数据被导入 SAS，就可以进一步处理和分析数据。进行因子分析的核心是使用 PROC FACTOR 命令。这个过程允许用户指定多种参数，以控制因子提取的方式。例如，用户可以选择使用主成分分析、主轴因子法或其他方法进行因子提取。此外，用户还可以指定如何确定提取的因子数，如基于特征值的准则或固定的因子数。

在 PROC FACTOR 命令中，用户还可以设置其他选项，如旋转方法、因子得分计算方法等。用户通过设置这些选项控制因子分析的过程，以满足特定的研究需求。一旦所有参数都被指定，用户就可以运行程序，SAS 将处理数据，进行因子提取，并输出详细结果，包括因子负荷量、特征值、解释的方差百分比等。通过分析这些输出结果，用户可以深入了解数据的潜在结构。值得注意的是，SAS 的因子分析功能不仅包括基本的因子提取功能，还包括因子得分估计、因子旋转和因子得分的后续分析等功能。这些功能使 SAS 成为进行复杂因子分析的理想工具。

3. MATLAB 中的因子提取

MATLAB 作为一款广泛应用于工程、科学和数学领域的高级编程语言和交互式环境，为研究者和数据分析师提供了一套完整的工具和函数库，用于进行复杂数学计算、数据分析和可视化。因子分析是 MATLAB

提供的多种统计和机器学习工具之一，允许用户探索多个变量之间的潜在关系，从而使用户了解数据的内在结构。

在 MATLAB 中进行因子提取首先需要导入数据。MATLAB 支持多种数据格式，包括 CSV、Excel 和 MAT 等。用户可以使用 MATLAB 的内置函数，如 load 或 readtable，轻松地导入数据。一旦数据被导入，就可以进一步对数据进行处理和分析。

进行因子提取需要使用 factoran 函数。这个函数提供了一系列参数，允许用户控制因子提取的过程。例如，用户可以指定提取的因子数、旋转方法以及其他相关参数。factoran 函数基于最大似然估计进行因子提取，确保得到的结果既准确又有意义。

在指定了所有参数后，用户可以运行程序。MATLAB 将自动处理数据，进行因子提取，并输出因子负荷量、特征值、解释的方差百分比等，帮助用户深入了解数据的潜在结构，帮助用户理解变量之间的关系。

4.2.2　因子旋转的软件工具

因子旋转是因子分析中的一个重要步骤，其目的是使因子结构更加清晰，更容易解释。在因子提取后，原始的因子负荷量可能不够直观，因子旋转可以帮助人们得到更为简洁的因子负荷矩阵。在国内，有多种软件工具支持因子旋转，下面将详细介绍这些工具及其使用方法。

1. SPSS 中的因子旋转

SPSS 是国内广泛使用的统计分析软件，它为因子旋转提供了直观的操作界面。在进行因子分析时，选择"旋转"选项，从 SPSS 提供的多种旋转方法，如 varimax、quartimax 和 direct oblimin 等中，选择合适的旋转方法，点击"确定"，SPSS 就能自动进行因子旋转并显示结果。

2. SAS 中的因子旋转

SAS 为因子旋转提供了灵活的编程环境。用户可以使用 PROC FACTOR 命令进行因子分析，通过 ROTATE 选项指定旋转方法。常用的旋转方法包括 varimax、promax 和 direct oblimin 等。运行程序后，SAS 将显示旋转后的因子负荷矩阵。

3. MATLAB 中的因子旋转

MATLAB 是一款数学计算软件，提供了丰富的因子分析工具。使用 rotatefactors 函数进行因子旋转。在函数中，可以指定旋转方法和其他参数。MATLAB 支持的旋转方法包括 varimax、promax 和 direct oblimin 等。运行程序后，MATLAB 将显示旋转后的因子负荷矩阵。

4. R 语言中的因子旋转

R 语言是一款开源的统计编程语言，为因子旋转提供了多种包和函数，如 psych 或 GPArotation 包。这些包提供了多种旋转方法，如 varimax、promax 和 direct oblimin 等。通过调用相应的函数，如 fa 或 rotate，可以进行因子旋转。运行程序后，R 语言将显示旋转后的因子负荷矩阵。

因子旋转是为了得到更为清晰和有意义的因子结构，不同的旋转方法可能会得到不同的结果，不同软件的特点也不同，因此在实际应用中，研究者需要根据数据的特点、研究目的、软件特点选择合适的旋转方法。此外，旋转后的因子负荷矩阵也需要进行解释，以得到有价值的研究结论。

4.2.3　因子得分的计算与软件应用

因子得分是因子分析中的一个核心概念，表示个体在某一特定因子上的得分。简单地说,因子得分是原始观测数据在因子上的投影。计算因子得分是为了在后续的分析中使用,如进行聚类分析、回归分析等。在实际应用中,有多种软件工具可以用于计算因子得分,以下将详细介绍这些工具及其使用方法。

1. SPSS 中的因子得分计算

SPSS 为因子得分计算提供了直观的操作界面。在进行因子分析后,选择"得分"选项,从多种因子得分计算方法,如回归方法、巴特莱特方法中,选择合适的计算方法后,点击"确定",SPSS 将自动计算因子得分并将其保存在数据表中。

2. SAS 中的因子得分计算

SAS 为因子得分计算提供了灵活的编程环境。用户可以使用 SAS 中的 PROC FACTOR 命令进行因子分析。在命令中,可以通过 OUT 选项指定输出因子得分的数据集。运行程序后,SAS 将生成一个包含因子得分的新数据集。

3. R 语言中的因子得分计算

R 语言为因子得分计算提供了多种包和函数。例如,用户可以使用 psych 包中的 factor.scores 函数进行因子得分计算。这个函数提供了多种计算方法,如回归方法、巴特莱特方法等。运行程序后,R 语言将返回一个包含因子得分的数据框。

4. Minitab 中的因子得分计算

Minitab 是一款在国内广泛使用的统计分析软件。在"统计"菜单中选择"多变量方法",再选择"因子分析",然后在因子分析对话框中,选择"得分"选项。Minitab 提供了多种因子得分计算方法,如回归方法、巴特莱特方法等。运行程序后，Minitab 将在工作表中生成新的列，来表示因子得分。

因子得分在实际应用中有着广泛的用途，以下是一些常见的软件应用场景。

（1）市场细分。在市场研究中，研究者经常使用因子分析来识别消费者的潜在需求或偏好。通过计算因子得分，研究者可以进行市场细分，然后针对每个细分市场制定不同的市场策略。例如，使用 Minitab 软件，研究者可以基于消费者的购买行为或态度数据计算因子得分，然后根据这些得分进行市场细分。

（2）人力资源管理。在人力资源管理中，因子得分可以用于员工的能力评估或培训需求分析。例如，使用 R 语言软件，人力资源经理可以基于员工的绩效评价数据计算因子得分，然后根据这些得分确定员工是否需要培训或是否有晋升潜力。

（3）金融风险评估。在金融领域，因子得分经常用于评估企业或个人的信用风险。例如，使用 SAS 软件，信用评分机构可以基于企业的财务数据或个人的信用记录数据计算因子得分，然后根据这些得分进行信用评级。

（4）医疗健康研究。在医疗健康研究中，因子得分可以用于疾病的风险评估或患者的治疗需求分析。例如，使用 SPSS 软件，医疗研究者可以基于患者的医疗记录或生活习惯数据计算因子得分，然后根据这些得分进行疾病的风险评估或制订个性化的治疗方案。

4.2.4　因子分析的多重性与软件处理

进行因子分析时，可能会遇到多重性的问题。多重性是指在数据中存在高度相关的变量，这可能会导致因子分析的结果不稳定或难以解释。

因此，研究者通常会使用软件工具来检测和处理多重性。

1. 多重性的来源

多重性可能是由以下原因造成的：数据收集过程中的误差；变量之间的高度相关性；数据中的异常值。

2. 多重性的影响

多重性可能会导致以下问题：因子分析的结果不稳定，即小的数据变化可能导致因子结构的大幅度变化；因子的解释困难，因为多重性可能导致因子之间的高度相关性；估计的因子负荷量可能会受到偏见。

3. 软件工具的应用

因子分析是多变量统计方法的一种，用于研究多个变量之间的关系。在进行因子分析之前，检测和处理多重性是非常重要的，因为多重性可能会导致因子分析的结果不准确。

SPSS 是社会科学研究领域最受欢迎的统计软件之一，它的用户友好的界面和强大的统计功能使其成为许多研究者的首选。在 SPSS 中，研究者可以轻松地计算变量之间的相关系数，这是检测多重性的一种常用方法。如果发现两个或多个变量之间的相关性很高，可能存在多重性。

Minitab 是另一款流行的统计软件，尤其是在工程和质量改进领域中。与 SPSS 不同，Minitab 更注重实际应用和解决实际问题。研究者可以使用 Minitab 进行主成分分析，这是一种常用的处理多重性问题的方法。主成分分析可以将多个相关的变量转化为少数几个不相关的主成分，从而简化数据结构并消除多重性。

R 语言是一个强大的统计编程语言，具有开源和免费的特点，提供了丰富的统计和图形功能，是高级数据分析的理想选择。研究者可以使用 R 语言中的包来检测和处理多重性。

4. 处理多重性的策略

多重性也称为多重共线性，是统计分析中的一个常见问题，特别是在因子分析和回归分析中。当两个或多个变量之间存在高度相关性时，就可能出现多重性。出现多重性问题，可能会导致分析结果的不稳定和具有误导性，因此处理多重性是至关重要的。

删除变量是处理多重性问题的最直接的方法。当两个或多个变量之间存在高度相关性时，可以考虑删除其中一个或多个变量。选择删除哪个变量通常取决于研究的目的和变量的实际意义。例如，如果两个变量都与因变量高度相关，但其中一个变量与其他变量的相关性更高，那么可以考虑删除这个变量。

两个或多个变量之间存在高度相关性，但都具有重要的实际意义时，可以考虑将它们合并成一个新的变量。这可以通过计算它们的平均值或使用其他方法来实现。这样不仅可以保留变量的信息，还可以消除多重性。

正则化方法也可以用来处理多重性，其通过在模型中添加一个惩罚项来降低模型的复杂性。常见的正则化方法有岭回归和套索回归，岭回归通过添加一个 L2 惩罚项来处理多重性，而套索回归则使用 L1 惩罚项来处理多重性。这些方法不仅可以处理多重性，还可以进行变量选择，从而得到一个更简洁的模型。

主成分分析（PCA）是一种常用的减少数据维度的方法，通过将原始变量转化为一组新的正交变量（主成分）来实现。这些主成分可以解释原始数据中的大部分变异，而且它们之间是不相关的。因此，使用主成分分析可以有效地处理多重性。

4.3 因子负荷量和公共性解释

因子分析是一种常用的统计方法，旨在揭示多个观测变量背后的潜在结构。在进行因子分析的过程中，因子负荷量和公共性是两个至关重要的指标。因子负荷量描述了观测变量与潜在因子之间的关系强度，而公共性则反映了一个变量由所有因子共同解释的变异量。这两个指标能帮助人们深入了解数据结构，帮助人们更好地理解和解释因子分析的结果。本节将详细探讨这两个概念及其在因子分析中的重要性。

4.3.1 因子负荷量的计算与软件实现

在因子分析中，因子负荷量是一个核心概念，描述了观测变量与潜在因子之间的关系强度。

1. 因子负荷量的定义

因子负荷量通常表示为 λ，是观测变量与因子之间的相关系数。它的值的范围在 -1 到 1 之间，值越接近 1 或 -1，表示该观测变量与该因子的关系越强。因子负荷量的平方表示该因子解释的观测变量的方差百分比。

2. 因子负荷量的计算

因子负荷量是通过旋转后的因子矩阵得到的。在因子分析中，先通过特征值分解或主成分分析提取因子，然后使用某种旋转方法（如 varimax 或 quartimax）对因子矩阵进行旋转，以获得更清晰、更容易解释的因子结构。旋转后的因子矩阵的元素即因子负荷量。

3. 软件实现

我国常用的统计软件包括 SPSS 和 SAS，这些软件都提供了因子分析的功能，并能计算因子负荷量。

在 SPSS 中，用户可以通过"分析"菜单选择"降维"，然后选择"因子分析"来进行因子分析。在输出结果中，可以找到因子负荷量矩阵。

在 SAS 中，用户可以使用 PROC FACTOR 过程进行因子分析，该过程会输出因子负荷量矩阵。

除了这些传统的统计软件，还有一些国内开发的软件和工具，如统计学习工具箱等，也提供了因子分析的功能。

4. 因子负荷量的解释

因子负荷量不仅可以帮助人们确定哪些观测变量与哪些因子有关，还可以帮助人们确定这种关系的强度。通常，人们认为因子负荷量的绝对值大于 0.3 表示该观测变量与该因子有中等强度关系，大于 0.5 表示有强关系。

4.3.2 公共性的解释与软件分析

公共性是因子分析中的一个核心概念，描述了观测变量的方差中有多少可以被所有潜在因子共同解释。公共性是评估因子分析有效性的关键指标之一，可以帮助人们确定哪些变量应该在分析中保留，哪些应该排除。

1. 公共性的定义

公共性通常表示为 h^2，是一个观测变量方差的度量，该方差可以由所有潜在因子共同解释。它的值的范围在 0 到 1 之间，值越接近 1，表示可以被潜在因子共同解释的方差越多。

2. 公共性的计算

公共性可以通过以下公式计算：

$$h^2 = \sum_{i=1}^{k} \lambda_i^2$$

其中，h^2 表示变量的因子公共性；i 表示第 i 个变量；k 是因子的数量；λ_i 是第 i 个因子的因子负荷量。

3. 软件实现

常用的统计软件（如 SPSS 和 SAS）都提供了计算公共性的功能。用户运用 SPSS 进行因子分析，可以得到每个观测变量的公共性。用户也可以运用 SAS 进行因子分析，从而得到每个观测变量的公共性。除此之外，国内的统计学习工具箱也提供了计算公共性的功能。

4. 公共性的解释

公共性反映了观测变量与所有潜在因子的关联程度。较高的公共性值意味着该变量与潜在因子有较强的关联，而较低的公共性值则意味着该变量与潜在因子的关联较弱。通常，公共性值低于 0.5 的变量可能不适合进行因子分析。

5. 公共性在因子分析中的应用

公共性是评估因子分析有效性的关键指标之一。在进行因子分析之前，可以先计算所有观测变量的公共性，以确定哪些变量应该在分析中保留，哪些应该排除。此外，公共性也可以用于评估因子分析的结果，帮助研究者确定因子的数量和结构。

4.3.3　因子分析的结果解释与软件辅助

因子分析是一种多变量统计技术，用于识别观测变量集合中的潜在结构。它的主要目的是将多个观测变量减少为较少的潜在因子，同时尽量保留原始数据的信息。因子分析的结果往往需要解释和理解，有许多软件工具可以帮助研究者更好地解释和理解因子分析的结果。

1. 因子负荷量

因子负荷量是观测变量与潜在因子之间关系的度量。常用的统计软件（如 SPSS 和 SAS）都可以输出因子负荷量。例如，在 SPSS 中，用户可以选择"因子分析"的输出选项中的"旋转因子矩阵"来查看因子负荷量。

2. 特征值和解释的方差

特征值表示因子解释的方差量，而解释的方差则表示因子解释的方差的百分比。通常，特征值大于 1 的因子被认为是重要的。SPSS 和 SAS 都可以输出特征值和解释的方差。在 SPSS 中，用户可以选择"因子分析"的输出选项中的"初始特征值"和"解释的方差"来查看这些信息。

3. 因子得分

因子得分是基于原始数据和因子负荷量计算出的新变量，表示每个观察值在每个因子上的得分。SPSS 和 SAS 都提供了计算因子得分的功能。在 SPSS 中，用户可以选择"因子分析"的输出选项中的"因子得分"来查看因子得分。

4. 因子旋转

因子旋转是一种技术，用于使因子负荷量更容易解释，常用的旋转方法包括 varimax 和 promax。 SPSS 和 SAS 都提供了因子旋转的功能。在 SPSS 中，用户可以选择"因子分析"的旋转选项来进行因子旋转。

5. 因子命名和解释

基于因子负荷量，研究者可以对因子进行命名和解释。通常情况下，人们认为因子负荷量绝对值大的变量与因子相关性较高。虽然软件不能直接为因子命名，但它们可以提供因子负荷量，帮助研究者解释因子。

4.3.4 因子分析的应用案例与软件展示

因子分析是一种广泛应用于社会科学、经济学、心理学等领域的多变量统计方法。它的主要目的是识别多个观测变量背后的潜在结构，从而降低分析的复杂性。下面结合案例，介绍如何使用国内软件进行分析。

1. 案例：大学生学习动机调查

为了了解大学生的学习动机，一所大学对其学生进行了调查。调查问卷包括 20 个问题，涉及学习兴趣、学习目标、学习压力等方面。为了更好地了解学生的学习动机，研究者决定使用因子分析来识别问卷调查数据中的潜在结构。

2. 数据收集与预处理

研究者收集了 500 名学生的问卷调查数据，使用 Excel 进行数据录入和预处理，包括删除缺失值、转换数据格式等。

3. 软件选择：SPSS

考虑到 SPSS 在统计分析中的广泛应用，研究者选择使用 SPSS 进行因子分析。

4. 因子分析步骤

（1）数据导入：在 SPSS 中，选择"文件"→"打开"→"数据"，导入 Excel 数据文件。

（2）选择因子分析：在菜单栏中，选择"分析"→"数据降维"→"因子"。

（3）选择变量：在"因子分析"对话框中，将 20 个问题添加到"变量"列表中。

（4）选择提取方法：在"提取"选项卡中，选择"主成分分析"。

（5）选择旋转方法：在"旋转"选项卡中，选择"Varimax"。

（6）运行分析：点击"确定"按钮，SPSS 将进行因子分析。

5. 结果解释

SPSS 输出了因子分析的结果，包括特征值、解释的方差、因子负荷量等。通过分析这些结果，研究者发现可以将问卷中的 20 个问题归纳为四个潜在因子：学习兴趣、学习目标、学习压力和学习策略。

6. 软件展示

为了更直观地展示因子分析的结果，研究者使用 SPSS 的图形工具创建了散点图和柱状图。这些图形可以帮助研究者和其他人更好地理解学生的学习动机。

通过因子分析，研究者成功地识别了大学生学习动机的潜在结构，并使用 SPSS 进行了分析和展示。这个案例展示了因子分析在实际研究中的应用，以及如何使用软件工具进行分析和解释。

第 5 章　相关与回归分析

回归分析是统计学中的一种强大的工具，用于研究变量之间的关系。本章将深入探讨回归分析的基础知识，包括定义、类型及假设。本章也将详细介绍如何使用国内软件进行回归分析，包括简单回归分析和多元回归分析。此外，本章还将探讨回归模型的诊断和改进，包括残差分析、多重共线性检测和异常值处理。通过本章的学习，读者将对回归分析有更深入的了解，同时了解如何使用软件进行回归分析。

5.1 回归分析的基础知识

回归分析是一种研究变量间关系的统计方法，旨在预测或解释一个变量基于其他变量的变化。本节将从其定义、类型、统计假设入手，探讨回归分析的核心概念。本节还将介绍如何使用国内软件来验证这些假设、如何选择最佳的回归模型，以及如何检测和处理回归分析中的误差。

5.1.1 回归分析的定义与类型

回归分析是统计学中的一种方法，用于研究两个或多个变量之间的关系，特别是研究一个变量（因变量）如何基于一个或多个其他变量（自变量）的变化而变化。回归分析的主要目的是建立一个模型，描述因变量和自变量之间的关系。

1.定义

回归分析是寻找一个函数，以最好地描述自变量和因变量之间的关系。这种关系用数学方程来表示。这个方程可以是线性的，也可以是非线性的，这取决于数据的性质和研究者的需求。

2. 回归分析的类型

（1）简单线性回归：这是最基本的回归分析类型，涉及两个变量，一个是因变量，另一个是自变量。它的主要目的是找到两个变量之间的最佳拟合直线。

（2）多元线性回归：当涉及两个以上的自变量时，使用多元线性回归。它试图模拟因变量和多个自变量之间的关系。

（3）多项式回归：当数据呈现非线性趋势时，可以使用多项式回归。它是线性回归的扩展，允许自变量的高次方。

（4）逻辑回归：当因变量是分类的，通常是二进制的，如"是 / 否""1/0""真 / 假"，使用逻辑回归。

（5）岭回归和 Lasso 回归：这两种类型的回归都是线性回归的拓展，用于处理多重共线性，即自变量之间的高度相关性。

（6）时间序列回归：当数据是按时间顺序收集的，并且研究者对预测未来值感兴趣时，使用时间序列回归。

（7）非线性回归：当因变量和自变量之间的关系是曲线的，使用非线性回归。

在选择回归分析的类型时，研究者必须先了解数据的性质，确定因变量和自变量的数量以及它们之间的关系类型。此外，还需要考虑数据的分布、异常值和潜在的多重共线性问题。

有许多软件和工具可以进行回归分析，如 SPSS、EViews 和 MaxStat 等。这些软件提供了用户友好的界面，用户输入数据、选择回归类型，就可以得到结果。此外，还有一些开源工具，如 R 语言和 Python，也具有强大的回归分析功能，但可能需要用户具备更高的编程技能。

5.1.2　回归分析的假设与软件验证

回归分析是统计学中的一个核心工具，为了确保结果的有效性和可靠性，其必须满足一系列的基本假设。这些假设为回归模型提供了一个稳定的基础，违反这些假设可能导致误导性的结果。因此，验证这些假设的重要性不言而喻。

1. 回归分析的主要假设

（1）线性关系：因变量和自变量之间应存在线性关系。这意味着当自变量的值改变时，因变量的值也会按照某种恒定的比例改变。

（2）独立性：观测值之间应该是独立的，即一个观测值的存在不应该影响到其他观测值。

（3）同方差性（homoscedasticity）：这意味着不同的自变量值对应的误差项的方差应该是常数。

（4）正态分布的误差：回归模型的误差（残差）应该是服从正态分布的。

（5）无多重共线性：回归模型中的自变量之间不应该有完全的或高度的线性关系。

2. 软件验证

国内有多种软件可以用来验证这些假设，最受欢迎的软件包括以下几种。

SPSS：这是一个广泛应用的统计软件，其提供了一系列的工具来验证回归分析的假设。例如，可以使用散点图来验证线性关系，使用残差图来验证同方差性，使用正态概率图（*P-P* 图或 *Q-Q* 图）来验证误差是否符合正态分布。

EViews：这是另一个流行的统计软件，特别是在经济学领域。它提供了一系列的诊断工具来检验回归模型的假设。

MaxStat：这是一个相对较新的统计软件，但提供了一系列强大的工具来进行回归分析和假设检验。

R 语言：这是一个开源的统计编程语言，提供了丰富的包和函数来进行回归分析和假设检验。例如，lm() 函数可以用来进行线性回归，而 diagnostics() 函数可以用来检验各种假设。

Python：Python 的 Statsmodels 库和 Scikit-learn 库提供了一系列的工具来进行回归分析和假设检验。

在验证回归分析的假设时，首先应该绘制数据图，如散点图和残差图，以获得对数据的直观了解；其次，应使用统计测试，如 Shapiro-Wilk 正态性测试和 Bartlett's 同方差性测试，来进一步验证假设。

5.1.3　回归模型的选择与软件辅助

选择合适的回归模型对于获得准确的、有意义的结果至关重要。不同的研究情境和数据特性可能需要使用不同的回归模型。现代软件为人们提供了多样的工具，这些工具可以帮助人们选择和使用合适的回归模型。

1. 回归模型的选择

回归分析是统计学中的一种强大工具，用于描述和测试因变量与一个或多个自变量之间的关系。在回归分析中，选择合适的回归模型是至关重要的，因为不同的模型适用于不同类型的数据和关系。以下是对回归模型的详细描述。

线性回归是最基本和最常用的回归分析方法。它假设因变量和自变量之间存在线性关系，这意味着当自变量发生变化时，因变量的变化是恒定的。线性回归通常用于预测或确定两个变量之间的关系。

当研究涉及多个自变量时，多元线性回归就成了必要的工具。它允许研究者考虑多个因素对因变量的影响，同时考虑这些因素之间的相互作用。这种模型提供了一个全面的框架来分析多个预测因子如何共同影响结果。

与线性回归不同，逻辑回归用于处理二分类的因变量，如"是"或"否"。它估计了因变量取某一特定值的概率。逻辑回归在医学、社会科学领域和其他领域中都有广泛的应用，特别是当研究者对事件的发生概率感兴趣时。

当因变量是计数数据，如事件的次数或频率时，泊松回归是一个合适的选择。它假设数据遵循泊松分布，并考虑了事件发生的频率和间隔。

在许多实际情况中，因变量和自变量之间的关系可能是非线性的。非线性回归允许研究者建立一个描述这种复杂关系的模型。这种模型通常需要更多的数据，需要进行更多的计算，但它可以帮助人们对数据结构产生深入了解。

2. 软件辅助

在当今数据驱动的时代，回归分析已成为多个领域使用的核心工具。为了确保分析的准确性和可靠性，选择合适的软件工具是至关重要的。以下是一些国内广泛使用的软件，它们都具有强大的回归分析功能。

SPSS 为用户提供了一系列的回归工具，能帮助人们进行基本的线性回归和复杂的多元回归，其直观的用户界面和丰富的图形输出使其成为初学者和专家的首选。

EViews 是经济学和金融领域广泛应用的软件。除了传统的回归模型，EViews 还支持时间序列分析，这对于经济数据分析尤为重要。

MaxStat 虽然是相对较新的软件，但已经凭借其简单易用的界面和强大的功能吸引了大量用户。它支持各种回归模型。

R 语言广泛应用于统计学和数据科学领域，其开源的特性和丰富的包使其受到用户的欢迎。无论是基本的线性模型还是复杂的混合效应模型，R 语言都能完美处理。

Python 的 Statsmodels 库和 Scikit-learn 库提供了强大的回归工具。与其他软件相比，Python 的优势在于其编程的灵活性和与其他数据处理工具的无缝集成。

5.1.4　回归分析的误差与软件检测

回归分析误差可能是由对模型假设的违背、数据存在异常值或其他因素造成的，误差会影响回归分析的结果，因此检测和处理这些误差是回归分析中的关键步骤。

1. 回归误差的类型

回归误差分为以下几种。

（1）模型误差：出现模型误差是由于模型本身不完善。例如，如果实际关系是非线性的，但人们使用了线性模型，那么就会产生模型误差。

（2）测量误差：出现测量误差是由于数据收集不准确。例如，使用不准确的仪器进行测量，可能会导致测量误差。

（3）随机误差：出现随机误差是由于随机因素是不可避免的。例如，由于样本的随机性，即使在完美的实验条件下，也可能出现随机误差。

2. 软件检测

在进行回归分析时，检测和处理回归误差是至关重要的。误差分析可以确保模型的假设得到满足，从而确保回归结果的准确性和可靠性。

有多种软件工具可以帮助研究者完成这一关键步骤。

SPSS 为用户提供了一系列的误差检测工具。例如，通过残差图和 Q-Q 图，研究者可以直观地评估数据的正态性和异方差性。此外，Shapiro-Wilk 正态性检验可以检验数据的正态性，帮助研究者确定是否需要进行数据转换或选择其他回归方法。

EViews 主要在经济学领域使用，为用户提供了一系列专业的误差检测工具。异方差性检验可以帮助研究者识别模型的异方差性问题，而多重共线性检测则可以识别出可能影响模型稳定性的高度相关的自变量。

MaxStat 为用户提供了一系列强大的误差检测工具，其直观的用户界面和丰富的图形输出使得残差分析和正态性检验变得简单。

R 语言作为开源的统计编程语言，提供了丰富的包和函数来进行误差检测。例如，car 包和 lmtest 包为研究者提供了一系列的工具，可以帮助人们进行异方差性检验、模型规范性检验等。

Python，尤其是其 Statsmodels 库，也为误差检测提供了强大的支持。研究者可以使用 Python 进行残差分析、正态性检验和其他误差检测，确保模型的准确性和可靠性。

在进行回归分析时，研究者应首先使用上述软件中的工具来检测模型的误差。如果发现有误差，应该考虑更换模型、删除异常值或进行其他处理。只有在确保模型没有显著误差的情况下，回归结果才可靠。

5.2　简单和多元回归分析

回归分析是统计学中的一种强大工具，用于探索变量之间的关系，为人们提供了深入了解数据背后的模式的手段。本节将重点介绍简单回归分析和多元回归分析的基本概念、软件工具的应用、回归系数的解释以及如何优化回归模型，同时将探讨如何使用国内流行的软件工具进行回归分析，确保分析的准确性和实用性。

5.2.1　使用软件进行简单回归分析

回归分析是统计学中的核心技术之一，用于研究两个或多个变量之间的关系。在简单回归分析中，人们主要关注两个变量之间的关系：一个是因变量，另一个是自变量。简单回归分析的目的是找到一个线性方程，描述自变量如何影响因变量。为了进行简单回归分析，人们需要使用特定的软件工具。以下是使用国内软件进行简单回归分析的详细步骤。

1. 数据准备

需要确保数据是准确且完整的，没有缺失值，并且应该是连续的。

2. 选择合适的软件

在国内，有多种软件可以进行简单回归分析，如统计学习软件（SLS）和数据分析统计软件（DAS）。这些软件都提供了用户友好的界面，使得数据输入和分析变得简单。

3. 数据输入

在选择的软件中输入数据。大多数软件都允许用户直接从 Excel 或 CSV 文件中导入数据。

4. 进行简单回归分析

在软件中，选择简单回归分析选项，输入因变量和自变量，软件将自动计算相关的统计量，如 R^2 值、斜率和截距。

5. 结果解释

一旦分析完成，软件将输出详细的结果，结果包括 R^2 值和 P 等。R^2 值表示自变量解释的因变量变异的百分比。P 反映回归方程是否显著。

6. 可视化

大多数软件都提供了绘制散点图和回归线的选项，这使得结果的解释变得更加直观。

7. 模型验证

为了确保模型的准确性，可以使用软件进行残差分析，这可以帮助人们检测异常值或模型的偏差。

5.2.2　多元回归分析的软件实现

多元回归分析是统计学中的一种方法，用于研究两个或多个自变量与一个因变量之间的关系。与简单回归分析不同，多元回归分析考虑了多个自变量，使得人们能够更全面地理解因变量的变化。在实际的研究和工作中，多元回归分析是非常常见的，因为现实生活中的大多数问题都涉及多个影响因素。为了进行多元回归分析，人们需要使用特定的软件工具。以下是使用国内软件进行多元回归分析的详细步骤。

1. 数据的准备

数据的准备是为了确保数据是准确、完整且格式正确的。这意味着数据集中应该没有缺失值，所有的变量都应该是数值型的，并且数据应该是连续的。

2. 选择合适的软件

国内有许多优秀的统计软件可以进行多元回归分析，如统计分析系统（statistical analysis system, SAS）和数据分析统计工具（data archiving tool, DAT）。这些软件都提供了强大的功能和用户友好的界面，使得数据分析变得简单而直观。

3. 数据输入

大多数软件都提供了直观的数据输入界面，允许用户直接从 Excel、CSV 或其他格式的文件中导入数据。一旦数据被导入，就可以设置多元回归模型。

4. 设置多元回归模型

在软件中，选择多元回归分析选项，并输入因变量和所有的自变量，然后软件将自动计算回归方程、系数、R^2 值和其他相关的统计量。

5. 结果的解释

软件完成分析后，会输出详细的结果，包括各个自变量的系数、R^2 值、调整 R^2 值、F 统计量和 P 值等。这些统计量可以帮助人们判断模型的拟合度、各个自变量的重要性以及模型的整体显著性。

6. 模型的验证

为了确保模型的准确性和稳健性，人们可以使用软件进行模型的验证，包括残差分析、多重共线性检测、异方差性检测等。这些验证方法可以帮助人们发现模型中可能存在的问题，并提供改进的方向。

7. 可视化

为了更直观地展示和解释多元回归分析的结果，大多数软件都提供了丰富的可视化工具，人们可使用合适的图表来展示数据，包括散点图、回归平面图、残差图等。这些图形可以帮助人们更好地理解模型的拟合情况和各个自变量如何影响因变量。

5.2.3　回归系数的解释与软件辅助

回归系数是回归分析中的一个核心概念，它描述了自变量与因变量之间的关系强度和方向。在多元回归分析中，每个自变量都有一个与之相关的回归系数。理解这些系数的意义对于解释结果和进行预测至关重要。本节将深入研究回归系数的解释以及如何使用国内软件进行辅助分析。

1. 回归系数的基本解释

回归系数表示当自变量变化一个单位时，因变量平均变化的量。系数为正表示自变量和因变量之间存在正相关关系，系数为负表示存在负相关关系。系数的大小则表示这种关系的强度。

2. 回归系数的重要性

在多元回归中，回归系数还反映了在控制其他所有自变量的情况下，某一自变量对因变量的影响。这使得人们能够确定哪些变量对模型的预测能力贡献最大。

3. 使用软件辅助解释回归系数

国内的统计软件，如统计分析系统（SAS）和数据分析统计工具（DAT），为用户提供了丰富的工具来分析和解释回归系数。

系数的显著性检验：软件会为每个回归系数提供一个 P 值，帮助人们判断该系数是否显著不为零。通常，P 值小于 0.05 被认为是统计显著的。

置信区间：除了点估计，软件还提供了回归系数的 95% 置信区间，帮助人们估计系数的真实值可能在哪个范围内。

标准化系数：对于不同尺度的自变量，软件可以计算标准化系数，使人们能够比较不同自变量对因变量的影响。

4. 回归系数的实际应用

在商业、医学、社会科学等领域，回归系数被广泛用于解释和预测。例如，在市场营销中，回归系数可以帮助人们理解广告支出与销售额之间的关系；在医学研究中，回归系数可以帮助人们评估某种治疗方案对病人的影响。

5. 软件的可视化工具

为了更直观地理解回归系数，国内软件通常提供了丰富的可视化工具。例如，系数的棒状图可以帮助人们比较不同自变量对因变量的影响大小；散点图和回归线则可以展示自变量和因变量之间的关系。

5.2.4　回归模型的优化与软件工具

为了获得准确和可靠的结果，经常需要对回归模型进行优化。模型优化不仅可以提高预测的准确性，还可以确保模型的稳健性。本节将探讨回归模型的优化策略及国内软件工具的应用。

1. 回归模型的优化策略

在构建预测模型时，确保模型的准确性和泛化能力是至关重要的。为此，研究者经常采用多种策略和技术来优化模型的性能。

特征选择是一个关键步骤。在大量的特征中，不是所有的特征都会对模型的预测能力产生积极的影响。事实上，一些不相关或冗余的特征可能会导致模型过拟合，从而影响其在新数据上的表现。因此，通过筛选出与因变量高度相关的特征，不仅可以提高模型的准确性，还可以降低计算复杂性和过拟合的风险。为了捕捉数据中的复杂关系，研究者可能会考虑在模型中引入交互项和多项式项。这些项可以帮助模型捕捉变量之间的非线性关系，从而提高模型的拟合度。例如，考虑两个特征的交互可能会揭示它们联合影响因变量的方式，这在单独考虑某个特征时可能会被忽略。正则化是处理大量特征和防止过拟合的另一种有效方法。L1 和 L2 正则化通过对模型的复杂性施加惩罚来实现这一点，特别是在特征数量大于观测数量的情况下。这些技术可以帮助模型保持其预测能力，同时避免对训练数据过度拟合。为了确保模型在实际应用中的稳健性和可靠性，模型验证是必不可少的。通过使用交叉验证或留一验证等技术，研究者可以在多个数据子集上评估模型的性能，从而更全面地了解模型在未知数据上的表现。

2. 国内软件工具的应用

在我国，随着数据科学和机器学习的迅速发展，多种软件工具应运而生，为研究者和数据分析师提供了强大的支持。MaxStat 作为众多研究者的首选工具，不仅提供了丰富的特征选择工具，使用户能够通过前向筛选、后向筛选或逐步筛选的方法来筛选最有影响力的特征，还内置了交叉验证功能，帮助用户评估模型的稳健性和泛化能力。这种集成的方式大大简化了模型构建和验证的流程，使初学者也能轻松上手操作。统计学大师这个软件为用户提供了一系列高级的统计分析功能。其直观的界面设计允许用户轻松地添加交互项和多项式项，从而捕捉数据中的复杂关系。此外，该软件还支持 L1 和 L2 正则化，这对于处理大量特征和防止模型过拟合尤为重要。DataMiner 作为一个专为数据挖掘和机器学习设计的软件，强调了模型的优化和验证。该软件集成了多种先进的算法和技术，如随机森林、支持向量机和深度学习等，为用户提供了更多的选择。同时，其强大的模型验证工具，如网格搜索和 k 折交叉验证，确保了模型的高质量和可靠性。

3. 实际应用案例

在一个国内的房地产研究中，研究人员使用 MaxStat 软件来预测房价。首先，研究人员使用前向特征选择方法，选择了与房价最相关的特征，如面积、地段等。其次，研究人员添加了地段和面积的交互项，以捕捉这两个变量之间的非线性关系。最后，研究人员通过交叉验证，验证了模型的稳健性和准确性。

4. 优化的重要性

回归模型的优化不仅可以提高预测的准确性，还可以确保模型的可靠性和稳健性。特别是在商业研究、医学研究和社会科学研究中，一个优化过的模型可以为人们提供有价值的信息。

5.3　诊断和改进回归模型

在回归分析中仅仅建立模型是不够的。为了确保模型的准确性和可靠性，人们必须对模型进行适当的诊断、检测，发现可能存在的问题，并采取相应的措施对模型进行完善。本节将探讨回归模型的诊断方法，研究如何检测和处理模型中的异常值、多重共线性等问题，以及如何使用国内软件工具来辅助完成对模型的检测和改进，从而确保得到的模型是最优的。

5.3.1　残差分析的软件工具

残差分析是回归分析中的关键步骤，可以帮助人们评估模型的拟合效果、检测模型中的异常点和潜在问题。在统计学中，残差指观测值与模型预测值之间的差异。通过对残差进行分析，人们可以更好地了解模型的性能和局限性。

1. 残差的重要性

残差分析的主要目的是验证回归模型的假设，包括线性关系、独立性、方差齐性和正态性。如果这些假设被违背，模型的预测可能会受到影响，从而使人们得出错误的结论。

2. 国内软件工具

在中国的数据分析领域，残差分析是确保回归模型质量的关键步骤。为此，多种软件工具被广大研究者采用，其中 SPSS 和 EViews 无疑是最受欢迎的两款。SPSS 作为在国内外都广受欢迎的统计分析软件，为用户提供了一整套完善的残差分析工具。它不仅允许研究者轻松地绘制各种残差图，如残差散点图、Q-Q 图和 P-P 图，以直观地评估模型的拟合度，还内置了多种正态性检验方法，如 Shapiro-Wilk 检验和 Kolmogorov-Smirnov 检验，帮助研究者判断残差的分布特性。这些功能确保研究者可以从多个角度对模型的质量进行评估。EViews 则在经济学和金融学领域中占据了重要的地位。这款软件专为时间序列数据设计，因此在残差分析方面为研究者提供了一些特有的功能。除了基础的残差图和正态性检验外，EViews 的强大之处在于它可以进行自相关性和异方差性的检验，这对于时间序列数据的模型评估尤为关键。

3. 残差图的解释

残差分析是回归分析中不可或缺的一部分，它帮助研究者评估模型的假设和拟合质量。残差图是残差分析中最直观的工具，为人们提供了关于模型误差的有价值的信息。

残差图是评估模型拟合质量的基础工具。在这种图中，每个观测值的残差都被绘制出来。在理想情况下，这些点应该随机地围绕 0 线分布，没有明显的模式或趋势。如果点围绕 0 线有规律地分布，如形成某种曲线或模式，可能意味着模型未能捕捉到数据中的某些信息，或者存在某些未考虑的外部因素。在这种情况下，模型的线性假设可能不合适，需要进一步检查和修正。

Q-Q 图和 P-P 图专门用于评估残差是否服从正态分布。在 Q-Q 图中，排序的残差与标准正态分布的理论分位数进行比较。如果残差符合正态分布，那么点应该紧密地围绕 45° 线分布。同样，P-P 图比较了残差的累积分布与标准正态分布的累积分布。在这两种图中，如果点偏离 45° 线，意味着残差可能不符合正态分布，需要进一步检查。

4. 残差的正态性检验

正态性是多数回归模型的关键假设。SPSS 和 EViews 都提供了多种正态性检验方法，如 Shapiro-Wilk 检验、Kolmogorov-Smirnov 检验和 Anderson-Darling 检验。如果残差不符合正态分布，可能需要对数据进行转换或选择其他类型的模型。

5. 残差的独立性和方差齐性

独立性和方差齐性是回归分析的另外两个关键假设。EViews 提供了 Durbin-Watson 统计量来检验残差的自相关性，而 SPSS 则提供了 Levene 检验来检验方差的齐性。

5.3.2 多重共线性的检测与软件处理

多重共线性是回归分析中的一个常见问题，发生在两个或多个自变量之间存在高度相关性时。这种高度的相关性会导致回归系数不稳定，从而使模型的解释和预测变得困难。因此，检测和处理多重共线性是回归分析中的关键步骤。

1. 多重共线性的影响

多重共线性是回归分析中的一个常见问题，会导致回归系数不稳定。这意味着，即使只有微小的数据变化，也可能导致回归系数发生大幅度的变化。这种不稳定性使得模型在不同的样本中的表现变得不一致，从而降低了其可靠性和准确性。由于多重共线性的存在，模型的标准误差往往会变得较大。这会导致 t 统计量偏小，从而增加犯第二类错误的风险，即当实际存在效应时，人们错误地接受了原假设。当自变量之间存在高度的相关性时，模型的解释变得尤为困难。由于多个自变量都与因变量高度相关，很难确定是哪个自变量对因变量有真正的影响。这使得研究者在解释结果时面临挑战，可能得出有误导性的结论。

2. 多重共线性的检测

多重共线性是回归分析中的一个常见问题，它描述了两个或多个自变量之间的高度线性相关性。这种高度的相关性可能会对回归模型的稳定性和准确性产生负面影响。因此，对多重共线性的检测和处理显得尤为重要。为了检测多重共线性，研究者采用了多种统计方法。其中，方差膨胀因子（VIF）和容忍度是最为常用的两种指标。这两个指标都可以为人们提供关于自变量之间相关性的强弱程度的信息，从而帮助人们判断是否存在多重共线性问题。

方差膨胀因子（VIF）是用来量化自变量之间多重共线性程度的一个指标。VIF 的计算基于每个自变量与其他自变量的线性关系。具体来说，对于每一个自变量，人们可以将其作为因变量，然后使用其他所有的自变量来进行一个线性回归。VIF 值就是这个回归模型的 R^2 值的倒数。如果 VIF 值大于 10，那么通常认为存在多重共线性。

容忍度与 VIF 紧密相关，容忍度是 VIF 的倒数。它表示一个自变量不被其他自变量解释的变异量的比例。容忍度值接近 0 意味着这个自变量与其他自变量高度相关，因此存在多重共线性的风险。

3. 多重共线性的处理

多重共线性描述了两个或多个自变量之间的高度线性相关性。当多重共线性存在时，可能会导致回归系数的不稳定，使得模型难以解释，以及降低模型的预测准确性。因此，对多重共线性的有效处理显得尤为重要。

数据转换是一种简单而有效的处理多重共线性的方法。对自变量进行中心化处理，即将每个观测值减去其均值，可以减少自变量之间的线性相关性。这种转换不仅可以提高模型的稳定性，还可以使回归系数更容易解释。增加数据也是一种常用的策略。多重共线性往往在小样本数据中更为明显。通过增加观测值，可以增强数据的代表性，从而降低自变量之间的相关性。变量选择是另一种有效的方法。当两个或多个自变量高度相关时，可以考虑移除其中一个或几个。这不仅可以减少多重共线性的问题，还可以简化模型，使其更容易解释。主成分回归是一种高级的技术，专门用于处理多重共线性。通过将自变量转换为一组不相关的主成分，可以消除多重共线性。这些主成分可以作为新的自变量用于回归分析，从而得到一个稳定且可解释的模型。

5.3.3　异常值和杠杆点的软件检测

回归分析中的数据质量对模型的准确性和稳定性至关重要。异常值和杠杆点是两种可能影响回归结果的关键因素。因此，对这些点进行检测和处理是回归分析中的一个重要步骤。

1. 异常值与杠杆点的定义

异常值通常被称为离群点，是那些与集中分布的其他观测值显著不同的数据点。这些值可能是由于各种因素产生的，如数据录入错误、测量误差或其他不可预见的因素。异常值的存在可能会影响统计分析的结果，导致人们得出有误导性的结论。例如，在回归分析中，一个异常的因变量观测值可能会对回归线的位置产生不成比例的影响，从而影响模型的准确性和可靠性。

杠杆点是那些自变量值与数据集中的其他观测值显著不同的数据点。尽管杠杆点可能不会被视为真正的异常值，但它们在回归分析中具有特殊的地位，因为它们对回归线的斜率和位置有很大的影响。在一个大多数观测值都聚集在一起的数据集中，如果有一个远离其他所有点的观测值，那这个点可能会对回归线的方向产生显著的影响，即使它的因变量值并不特别异常。

2. 异常值和杠杆点的影响

异常值是那些与其他数据点显著不同的观测值。它们的存在可能会导致回归系数的偏差，从而影响模型的整体解释和预测能力。具体来说，一个异常的因变量值可能会对回归线的位置产生不成比例的影响，导致模型偏离真实关系。这不仅会扭曲模型的参数估计，还可能导致误导性的结论和不准确的预测。例如，一个异常高的销售额观测值可能会导致人们对广告支出和销售额之间的关系进行分析时得出错误结论。

杠杆点是那些自变量值与其他观测值显著不同的数据点。尽管它们的因变量值可能并不异常,但由于它们在自变量空间中的独特位置,可能会放大模型中的小误差,导致大的预测误差。一个典型的例子是,在大多数数据点都聚集在一起的情况下,一个远离其他所有点的观测值可能会对回归线的方向产生显著的影响。也就是说,由于这些杠杆点的存在,即使模型在大多数数据点上的拟合都很好,在预测新的观测值时也可能会产生很大的误差。

3. 运用软件工具检测异常值和杠杆点的方法

在进行回归分析时,异常值和杠杆点的检测是至关重要的,因为它们可能会对模型的准确性和稳定性产生显著影响。因此,许多统计软件都提供了工具来帮助研究者检测这些潜在的问题点。

在国内,SPSS 和 SAS 是两款广泛使用的统计软件,它们都为用户提供了异常值和杠杆点的检测工具。SPSS 是一款用户友好的统计软件,为回归分析提供了一系列的诊断工具。在 SPSS 中,用户可以轻松地进行回归分析,并在输出结果中选择绘制学生化残差图和杠杆值图。学生化残差图可以帮助用户识别那些与预测值有显著偏差的观测点,即异常值;而杠杆值图则显示了每个观测点的杠杆值,帮助用户识别那些对回归模型有过大影响的观测点,即杠杆点。通过这些图,研究者可以直观地识别并处理潜在的问题点,从而提高模型的准确性。SAS 是一款功能强大的统计编程软件。在 SAS 中,用户可以使用 PROC REG 过程来进行回归分析。在 MODEL 语句中,通过使用 PLOTS 选项,用户可以生成各种图形,包括学生化残差图和杠杆值图。这些图为研究者提供了深入了解数据和模型的机会,帮助他们识别并处理异常值和杠杆点。

4. 异常值和杠杆点的处理

在回归分析中，异常值和杠杆点可能会对模型的准确性和稳定性产生不良影响。因此，对这些问题点的妥善处理是至关重要的，以确保得到的模型是可靠和有解释意义的。异常值和杠杆点的出现可能是由多种因素造成的，包括数据录入错误、测量误差或真实的数据变异。无论原因是什么，处理这些问题点的目标都是确保它们不会对模型产生不良的影响。

数据转换是一种常用的处理方法。通过对数据进行对数、平方根或其他形式的转换，可以有效地降低异常值和杠杆点对结果的影响。例如，对数转换可以压缩数据的尺度，使得异常值和正常值之间的差异变得不那么明显。这种转换不仅可以提高模型的稳定性，还可以使其更具解释性。删除也是一种处理方法。在确定出现异常值和杠杆点是由于数据录入错误或其他非随机原因的情况下，最直接的处理方法是将其从数据集中删除。但是，这种方法应该谨慎使用，因为删除数据可能会导致信息的丢失，并可能影响模型的代表性。设置权重是一种更为复杂的处理方法。通过给异常值和杠杆点设置较低的权重，可以减少它们对模型的影响。这种方法的优点是它允许研究者保留所有的数据观测值，同时调整它们对模型的影响程度。权重可以根据观测值的杠杆值或其他统计量来确定。

5.3.4　回归模型的改进策略与软件实现

回归分析在统计学中占据了核心地位，可用于探索和解释变量之间的关系。但在实际的研究中，初步创建的回归模型可能并不总是完美的。异方差、多重共线性等问题可能会导致模型的预测不准确、不稳定或缺乏解释性。因此，为了得到更为准确和有解释性的模型，经常需要对模型进行改进。

变量的转换是一种常见的改进策略。例如，当面临异方差或非线性关系时，可以考虑对自变量或因变量进行对数转换、平方根转换或其他形式的转换。这种转换可以帮助稳定模型的误差项，使其更加满足线性回归的假设。

模型中包含的变量可能需要调整。有时，根据模型的 AIC、BIC 或其他信息准则，可能需要添加或删除某些变量，以达到更好的模型拟合度。此外，为了捕捉变量之间的复杂关系，可以考虑引入交互项或高阶项。当然，当面临多重共线性问题时，正则化方法，如 Lasso 和 Ridge 回归，也是非常有用的。它们不仅可以处理多重共线性问题，还可以帮助用户进行变量选择。

在国内，SPSS 和 SAS 是两个非常受欢迎的统计软件，它们都为用户提供了丰富的回归分析功能。在 SPSS 中，用户可以轻松地使用线性回归菜单进行回归分析，并根据需要选择各种选项进行模型的改进和诊断。而在 SAS 中，用户可以利用 PROC REG 和 PROC GLM 进行回归分析，并通过各种选项进行模型的优化。

无论模型进行了多少次改进，最终的验证都是必不可少的。模型的改进应该基于其在独立的验证数据集上的表现，而不仅仅是在训练数据上的表现。通过交叉验证或使用独立的验证数据集，可以确保模型不但在训练数据上表现良好，而且在新的、未知的数据上具有良好的泛化能力。这是确保模型质量的关键步骤，也是每一个研究者都应该认真对待的部分。

第6章 方差分析

方差分析是统计学中的一种强大工具，用于比较三个或更多个组的均值差异。本章将从其定义、背景、类型和前提条件入手，深入探讨方差分析的核心概念，详细讨论如何使用国内软件进行单因素和多因素方差分析，以及如何检测和解释交互作用。本章也将介绍后验检验、效应量计算的重要性，并通过实际案例展示方差分析在研究中的应用。此外，本章还将探讨如何使用软件辅助解释和优化方差分析的结果，帮助读者全面了解方差分析。

6.1　方差分析的基础知识

方差分析（ANOVA）是一种统计方法，用于研究不同组之间的均值是否存在显著差异。本节将从方差分析的定义和其历史背景入手，探讨其在实际研究中应用的意义，还将深入了解进行方差分析所需满足的基本假设，并介绍如何使用国内软件进行验证。此外，本节还将详述方差分析的各种类型及其选择，以及在进行方差分析前需要满足的前提条件，并探讨如何使用软件进行相关检测。

6.1.1　方差分析的定义与背景

方差分析是统计学中的一种方法，用于比较三个或更多个组的均值是否存在显著差异。它的核心思想是将观察到的变异性分解为组内和组间的变异性。如果组间的变异性显著大于组内的变异性，就可以得出结论，即不同组的均值之间存在显著差异。

1. 定义

方差分析是一种统计技术，用于确定两个或多个样本的均值是否来自同一总体。通过比较样本均值的变异性与样本内部的变异性，方差分析可以确定观察到的差异是否可能是由抽样误差引起的。

2. 背景

方差分析的历史可以追溯到 20 世纪初。英国统计学家罗纳德·A·费舍尔（Ronald A. Fisher）在农业研究中首次提出了这种方法。[①] 他注意到，当研究涉及多个处理或条件时，使用传统的 t 检验进行多次比较可能会导致第一类错误的增加。为了解决这个问题，费舍尔设计了方差分析，这种方法可以在一个统计测试中考察多个处理或条件的效果。

随着时间的推移，方差分析逐渐从农业研究扩展到了许多其他领域，如心理学、医学、生物学和社会科学等。这种方法的应用和普及得益于其在多组比较中的高效性和准确性。

方差分析的应用与普及也与计算能力的提高紧密相关。随着计算机技术的发展，现代软件 SPSS、R 和 Python 等都提供了方差分析的功能，使得研究者可以更容易地进行复杂的方差分析。

6.1.2 方差分析的假设与软件验证

方差分析（ANOVA）是一种强大的统计方法，用于比较三个或更多组的均值。然而，为了确保 ANOVA 的结果有效和可靠，必须满足一些基本的统计假设。违反这些假设可能会导致 ANOVA 的结果失效或产生有误导性的结论。因此，了解这些假设并使用合适的软件工具进行验

---

① FISHER R A. The Correlation between relatives on the supposition of mendelian inheritance[J].Transactions of the Royal Society of Edinburgh，1919，52（2）：399–433.

证是至关重要的。

1. 假设的概述

在统计分析中，为了确保结果的有效性和可靠性，通常需要满足一些基本的假设。首先，观察值的独立性是至关重要的。这意味着每个观察值的产生都是独立于其他观察值的，它们之间没有相互影响。这种独立性通常是通过随机抽样或随机分配来实现的，确保每个样本点都是独立选择的，不受其他样本点的影响。其次，模型的残差或误差应该服从正态分布。需要注意的是，这并不意味着原始数据必须是服从正态分布的，但模型的误差确实需要满足这一条件。最后，方差齐性也是一个关键的假设，它要求各组的方差应该大致相等。这确保了数据的稳定性和一致性，使得统计推断更为可靠。这种假设也被称为同方差性，它确保了在不同的组或条件下，数据的变异性是相似的，从而为进一步的分析打下了坚实的基础。

2. 软件验证

在统计分析中，验证假设的重要性不言而喻。为了确保分析的准确性和可靠性，现代统计软件为研究者提供了一系列工具和方法来验证这些假设。例如，SPSS 作为一个广泛使用的统计软件，为用户提供了各种工具来检验 ANOVA 的假设。其中，Levene 检验是一个常用的方法，专门用于检查数据的方差齐性。此外，通过 Q-Q 图或 Shapiro-Wilk 检验，研究者还可以检查数据的正态性。又如，R 语言作为一个强大的开源统计编程工具，也为用户提供了一系列的包和函数来进行这些假设的检验。例如，使用 car 包的 leveneTest 函数，用户可以轻松地检查方差齐性，而 ggplot2 包则提供了绘制 Q-Q 图的功能，帮助用户验证数据的正态性。再如，Python 通过其 Statsmodels 库和 SciPy 库，帮助用户进行类似的

ANOVA 假设检验。其中，Statsmodels 库的 anova_lm 函数可帮用户进行 ANOVA 分析，而 SciPy 的 levene 函数则可以用于检查方差齐性。

3. 如何处理假设的违反

在进行 ANOVA 分析时，满足其基本假设是至关重要的。但在实际研究中，很可能会遇到违反这些假设的情况。当面临这种情况时，研究者需要采取一定的策略来确保分析的有效性和准确性。数据转换是一个常用的策略，通过对数据进行某些数学转换，如对数或平方根转换，可以使数据满足正态性和方差齐性的假设，从而使数据更加适合进行 ANOVA 分析。但在某些情况下，即使进行了数据转换，也可能无法满足 ANOVA 的假设。此时，研究者可以考虑使用非参数方法。Kruskal-Wallis H 检验是其中的一个选择，它是 ANOVA 的非参数替代方法，不需要满足正态性和方差齐性假设。除此之外，还有稳健的 ANOVA 方法。这种方法对传统的 ANOVA 方法进行了改进，在数据违反方差齐性假设时仍然可以提供有效和可靠的结果。

6.1.3 方差分析的类型与软件选择

方差分析（ANOVA）是一种统计方法，用于比较两个或多个组样本的均值是否存在显著差异。随着研究设计的复杂性增强，ANOVA 的类型也相应增加。本节将详细介绍各种方差分析的类型，并介绍可进行方差分析的软件工具。

1. 方差分析的主要类型

方差分析是统计学中的一种方法，用于比较两个或多个组样本的均值是否存在显著差异。根据研究的设计和目的，存在几种不同类型的方差分析。单因素方差分析是最基本的形式，它关注一个主要的因素，并比较该因素对结果的影响。例如，研究者可能想要探讨中国不同地区的稻米产量是否存在差异。多因素方差分析关注两个或更多的因素，它允许研究者考虑多个变量对结果的联合影响。例如，研究稻米品种和灌溉方法如何共同影响产量。重复测量方差分析适用于那些对同一组受试者进行多次测量的研究，如研究中医治疗前后病人的血压变化。协方差分析（ANCOVA）是当研究者希望控制一个或多个连续变量的影响时使用的方法。这种方法允许研究者考虑其他可能的干扰因素，如在研究中医治疗效果时，可以控制患者的年龄。总的来说，选择哪种方差分析方法取决于研究的设计和目的，但每种方法都是为了帮助研究者深入分析数据和得出有意义的结论。

2. 软件选择

在统计分析领域，选择合适的软件工具是至关重要的。在中国，有多种软件工具供人们选择，以满足他们的方差分析需求。SPSS 是其中之一，它在统计界享有盛誉，为用户提供了一系列简单易用的界面，可以进行各种类型的 ANOVA 分析。无论是单因素方差分析，还是多因素方差分析，SPSS 都支持。R 语言因其开源和高度可定制的特点，受到许多专业人士的喜爱。它提供了大量的包和函数，如 aov 函数，使得进行方差分析变得简单而直观。Python 作为一种广泛使用的编程语言，其 Statsmodels 库为方差分析提供了强大的支持。研究者使用 ols 和 anova_lm 函数，可以轻松地进行各种复杂的方差分析。EViews 作为经济学和金融学领域的重要工具，也为用户提供了方差分析功能，使得数据分析变得更加高效，提高数据分析的准确率。

3. 如何选择合适的软件

在进行统计分析时，选择合适的软件是一个关键步骤，因为它直接影响到分析的效率和结果的准确性。选择软件时通常基于研究的特定需求和个人的经验。对于简单的研究设计，大多数统计软件都能够满足需求，然而当研究设计变得更加复杂，如涉及多个因素或因素间的交互作用时，选择一个具有高级功能和更多选项的软件可能更为合适。研究者对软件的熟悉程度也是一个重要的考虑因素，使用一个熟悉的软件可以使数据分析更加顺利。例如，如果一个研究者已经对 SPSS 有深入的了解，那么他可能更倾向于使用这个软件，而不是花时间学习一个新的软件的使用方法。数据的大小和格式也是研究者选择软件时需要考虑的因素。大型数据集需要一个能够有效处理大量数据的软件，不同的软件可能对数据的格式有特定的要求，因此在选择软件时，也需要考虑数据的来源和格式。

6.1.4　方差分析的前提条件与软件检测

方差分析（ANOVA）是一种强大的统计方法，用于比较两个或多个组的均值是否存在显著差异。为了确保方差分析的结果有效且可靠，方差分析必须满足一些前提条件。本节将探讨这些前提条件，并介绍如何使用软件工具进行检测。

1. 方差分析的前提条件

为了确保方差分析的结果准确且可靠，必须满足一些前提条件。首先，每个组的数据分布应该大致呈正态分布。正态性是许多统计测试的基础，因为它确保了数据的中心趋势和分散性的稳定性。各组的方差应该大致相等，也称为方差齐性。这意味着不同组之间的数据变异程度应该是相似的。如果各组的方差存在显著差异，那么方差分析的结果可能会不准确，导致错误的结论。为了满足这一条件，研究者需要确保实验设计的合理性和数据的质量。观测值之间的独立性也是方差分析的一个关键前提。这意味着每个观测值都是独立的，不受其他观测值的影响，这通常通过随机抽样或随机分配实现。数据的随机性也是方差分析的一个重要前提。这意味着数据应该是随机抽取的，确保每个观测值被选中的机会相同，从而确保研究结果有代表性和可推广性。

2. 软件检测

在进行方差分析之前，确保数据满足其前提条件是至关重要的。幸运的是，现代统计软件为人们提供了一系列工具来帮助人们检查这些条件。

SPSS 是一个在中国非常受欢迎的统计软件，它为用户提供了一系列简单易用的工具来检查数据的正态性和方差齐性。例如，用户可以轻松地进行 Shapiro-Wilk 检验来评估数据的正态性，也可以用 Levene 检验评估各组的方差是否相等。这些测试的结果可以帮助研究者判断是否可以进行方差分析或是否需要进行数据转换。R 语言是一个强大的统计编程语言，提供了丰富的包和函数来帮助研究者检查 ANOVA 的前提条件。例如，shapiro.test() 函数可以用于评估数据的正态性，而 bartlett.test() 或 fligner.test() 函数则可以用于评估方差齐性。这些函数为研究者提供了深入诊断的工具，帮助他们确保数据满足方差分析的要求。Python 也为研究者提供了一系列工具来检查 ANOVA 的前提条件。使用 SciPy 库和 Statsmodels 库，研究者可以轻松地进行正态性和方差齐性的检验。例如，scipy.stats.shapiro() 函数可以用于检查数据的正态性，而 statsmodels.stats.anova.anova_lm() 函数则可用于方差齐性的检验。

例如，为比较中国三大城市（北京、上海和广州）的居民月收入，研究者从每个城市随机抽取了 100 名居民，并记录了他们的月收入。在进行 ANOVA 之前，研究者使用 SPSS 检查了数据的正态性和方差齐性。

研究者通过 Shapiro-Wilk 检验，发现三个城市的月收入数据都大致呈正态分布，同时通过进行 Levene 检验，发现三个城市的月收入方差大致相等。这些检验确保了 ANOVA 的结果是有效和可靠的，使研究者能够得出关于三个城市居民月收入差异的结论。

6.2　单因素与多因素方差分析

方差分析是统计学中的一种基本方法，用于研究不同组之间的均值是否存在显著差异。根据研究的变量数量，方差分析可以分为单因素方差分析和多因素方差分析。单因素方差分析关注一个主要的影响因子，而多因素方差分析则考虑多个因子及其相互作用。随着技术的进步，各种软件工具为研究者提供了方便的方差分析实现方法。此外，这些软件还帮助研究者解读和理解方差分析的结果，确保研究的准确性和可靠性。

6.2.1　使用软件进行单因素方差分析

单因素方差分析（one-way analysis of variance, one-way ANOVA）是一种统计方法，用于比较三个或更多个组的均值是否存在显著差异。在实际研究中，人们可能会遇到需要比较多个组之间差异的情况，如比较不同品牌的产品效果、不同地区的销售业绩等，单因素方差分析为人们提供了一个有效的方法。

1. 软件选择

SPSS 和 Excel 是进行单因素方差分析的常用软件。SPSS 是一款专业的统计分析软件，Excel 虽然是一款办公软件，但其数据分析工具包提供了方差分析功能。

2. 使用 SPSS 进行单因素方差分析

在进行统计分析时，SPSS 是许多研究者首选的工具之一，特别是当涉及单因素方差分析时。在进行单因素方差分析时，研究者首先要将数据正确地输入 SPSS。通常每一列代表一个特定的组，每一行代表一个单独的观测值。将数据整齐有序地排列后，就可以开始进行方差分析了。

为了进行单因素方差分析，研究者可以在 SPSS 的菜单栏中选择"分析"，然后进入"方差分析"选项，并选择"单因素"，在打开的新的对话框中设置参数。在这个对话框中，研究者需要将代表不同组的列添加到"因子"列表框中。此外，还可以设置其他相关的参数，如置信区间的范围、是否需要进行后续的检验等。设置完所有参数后，点击"确定"，SPSS 就会开始进行方差分析，并向研究者提供详细的结果。这些结果中最为重要的数据是 F 值和 P 值。F 值表示组间和组内的方差比，而 P 值则反映这个差异是不是统计显著的。通常情况下，如果 P 值小于 0.05，那么可以认为在不同的组之间存在显著的差异。

3. 使用 Excel 进行单因素方差分析

Excel 与 SPSS 类似，每一列代表一个组。在进行单因素方差分析前，先在 Excel 中输入数据。如果还没有加载数据分析工具包，需要先加载。在进行分析时点击"文件"→"选项"→"加载项"，然后选择"数据分析工具包"；点击"数据"→"数据分析"，在弹出的对话框中选择"单因素方差分析"，选择数据范围，设置其他参数，如置信区间等；点击"确定"后，Excel 将提供单因素方差分析的结果。

例如，一家中国公司要比较其在北京、上海和广州三个城市的销售业绩是否存在显著差异，可以收集三个城市的月销售数据，使用 SPSS

或 Excel 进行单因素方差分析。通过分析，公司可以确定哪个城市的销售业绩最好，以及是否需要在某个城市采取特定的营销策略。

6.2.2　多因素方差分析的软件实现

多因素方差分析（multivariate analysis of variance, MANOVA）是一种统计方法，用于研究两个或更多的自变量（或称为因子）对因变量的影响。与单因素方差分析不同，多因素方差分析不仅可以分析每个因子的主效应，还可以分析因子之间的交互作用。例如，研究者如果想知道产品的品牌和价格如何共同影响消费者的购买意愿，可以采用多因素方差分析来进行分析。

在中国，常用的进行多因素方差分析的软件工具包括 SPSS、SAS 和 Minitab。以下将详细介绍如何使用这些软件进行多因素方差分析。

1. SPSS 的多因素方差分析

数据输入：在 SPSS 中，数据应按照长格式输入，其中每一行代表一个观测值，每一列代表一个变量。

选择分析方法：在菜单栏中选择"分析"→"一般线性模型"→"单变量"。

设置参数：在弹出的对话框中，将因变量添加到"因变量"框中，将自变量添加到"固定因子"框中。如果需要考虑交互作用，可以在"模型"选项中添加交互项。

查看结果：SPSS 将提供多因素方差分析的结果，包括每个因子的主效应、交互作用、F 值、P 值等。

2. SAS 的多因素方差分析

数据输入：在 SAS 中，数据通常按照长格式输入。

编写程序：使用 PROC GLM 过程进行多因素方差分析。

RUN;

查看结果：SAS 将输出多因素方差分析的结果，包括每个因子的主效应、交互作用、F 值、P 值等。

3. Minitab 的多因素方差分析

数据输入：在 Minitab 中，数据应按照宽格式输入，其中每一列代表一个因子或因变量。

选择分析方法：在菜单栏中选择"统计"→"ANOVA"→"多因素"。

设置参数：在弹出的对话框中，选择因变量和因子。

查看结果：Minitab 将提供多因素方差分析的结果，包括每个因子的主效应、交互作用、F 值、P 值等。

例如，一家中国汽车制造商想要研究汽车的颜色和型号如何影响消费者的购买意愿，可以收集数据，然后使用上述软件进行多因素方差分析。通过分析，制造商可以确定哪种颜色和型号的组合最受消费者欢迎，以及颜色和型号之间是否存在交互作用。

6.2.3　交互作用的检测与软件分析

交互作用在统计学中是一个至关重要的概念，尤其在方差分析中。简单地说，如果两个或多个自变量对因变量的影响不是它们各自影响的总和，说明自变量之间出现了交互作用。换句话说，一个自变量的效应可能会因受另一个自变量的影响而变化。

1. 交互作用的意义

假设人们研究某种药物对男性和女性的效果以及药物剂量的影响时，

发现药物对男性和女性的效果不同，并且这种差异随着药物剂量的增加而变大，那么就可以说性别和药物剂量之间存在交互作用。

2. 如何检测交互作用

多因素方差分析是检测交互作用的主要方法。在这种分析中，除了各个因子的主效应外，还会考虑各个因子之间的交互效应。如果交互效应是显著的，那么就意味着存在交互作用。

3. 软件分析

为了检测交互作用，研究者常常选择使用 SPSS、SAS 和 Minitab 等统计软件。这些软件都具有强大的功能，可以帮助研究者准确地分析数据并得出结论。以 SPSS 为例，它是一款用户友好的统计软件，特别适合那些不熟悉编程的研究者。在 SPSS 中，数据通常需要按照长格式输入，这样可以确保每个观测值都有一个唯一的行。进行分析时，研究者可以在菜单栏中选择"分析"，然后选择"一般线性模型"，再选择"单变量"，打开一个新的对话框，设置参数。研究者需要将因变量添加到"因变量"框中，将自变量添加到"固定因子"框中。为了检测交互作用，还需要在"模型"选项中添加交互项。设置完所有参数后，SPSS 将输出交互作用的 F 值和 P 值，这些值可以帮助研究者判断交互作用是否显著。此外，SPSS 还会提供交互作用的图形表示，帮助研究者更直观地理解结果。而在 SAS 中，数据的输入方式与 SPSS 相似，通常也是按照长格式进行。但与 SPSS 不同的是，SAS 需要研究者编写程序来进行分析。研究者可以使用 PROC GLM 过程进行多因素方差分析，并在模型中明确指定交互项。尽管这需要一些编程知识，但 SAS 提供了更大的灵活性，允许研究者进行更复杂的分析。例如：

PROC GLM DATA=data;

CLASS factor1 factor2;

MODEL dependent = factor1 factor2 factor1*factor2;

RUN.

在进行交互作用的统计分析时，不同的软件工具提供了各自的方法。例如，SAS 是一款功能强大的统计分析软件，经过适当的编程，可以输出 F 值和 P 值，这些值是判断交互作用是否显著的关键指标。Minitab 是一款用户友好且操作简便的统计软件，尤其适合那些不熟悉编程的研究者。在 Minitab 中，数据通常需要按照宽格式输入，这意味着每个观测值的所有信息都在同一行中。为了进行多因素方差分析，研究者可以在菜单栏中选择"统计"，然后选择"ANOVA"，再选择"多因素"，在打开的对话框中设置参数。研究者需要选择合适的因变量和因子，并明确指定要添加的交互项。完成所有设置后，Minitab 将计算 F 值和 P 值，以帮助研究者判断交互作用是否显著。此外，Minitab 还会提供交互作用的图形表示，以帮助研究者更直观地理解和解释结果。

例如，研究者想要知道学习方法（传统方法和现代方法）和学习环境（在线和面对面）如何影响学生的学习成绩，可以使用上述软件进行交互作用的检测。如果发现学习方法和学习环境之间存在显著的交互作用，则意味着这两个因子共同影响学生的学习成绩。

6.2.4　方差分析的输出解读与软件辅助

方差分析（ANOVA）是统计学中的一种强大工具，用于比较三个或更多个组的均值是否存在显著差异。但是，仅仅进行方差分析并得到输出结果是不够的。为了确保研究的有效性和可靠性，研究者必须能够正确解读输出结果，并根据这些结果得出结论。幸运的是，有许多软件工具可以帮助研究者进行方差分析并解读输出结果。

1. 方差分析的基本输出

方差分析是一种统计方法，用于比较两个或多个组的均值是否存在显著差异。在进行方差分析后，研究者会得到一系列输出结果，这些输出结果可以用于判断组间是否存在显著的差异。其中，F 值是一个关键统计量，其是组间差异与组内差异之间的比率。一个较大的 F 值意味着组间的差异相对于组内的差异更大，这可能表明不同的组在被研究的变量上存在显著差异。

与 F 值相伴的是 P 值，它表示在零假设为真的情况下，观察到当前 F 值或更极端值的概率。通常，如果 P 值小于预定的显著性水平，如 0.05，那么研究者会拒绝零假设，认为组间存在显著差异。而均方误差（mean square error, MSE）和组间均方（mean squared between, MSB）则提供了关于组内差异和组间差异的更具体的信息。MSE 描述了同一组内部各个观测值与该组均值之间的平均差异，而 MSB 描述了不同组之间均值的平均差异。

2. 软件工具的辅助

在统计分析领域，方差分析是一种常用的方法，用于比较多个组的均值是否存在显著差异。为了方便研究者进行这种分析，各种统计软件工具都提供了方差分析的功能，并为用户提供了详细的输出结果。在中国，SPSS、SAS 和 R 语言是三款广泛使用的统计软件，它们都为用户提供了直观的界面或便捷的命令来进行方差分析。例如，使用 SPSS，研究者可以通过简单的菜单选择来进行方差分析，并得到详细的输出结果，包括 F 值、P 值、MSE 和 MSB 等关键统计量。这些统计量可以帮助研究者判断组间是否存在显著差异，并为他们的研究提供有力的证据。与此同时，SAS 也为用户提供了便捷的命令来进行方差分析，并输出详细的 ANOVA 表格和其他相关统计信息。而对于擅长编程的研究者，R 语言提供了 aov() 函数来进行方差分析，并提供了 summary() 函数，使用户可以查看详细的 ANOVA 表格。

3. 解读方差分析的输出

在统计研究中，方差分析是一种常用的方法，用于比较多个组的均值是否存在显著差异。当研究者得到方差分析的输出结果时，他们需要仔细解读这些结果，以得出有意义的结论。

显著性是判断组间是否存在差异的关键指标。通常，如果 P 值小于 0.05，则认为组间存在显著差异。但仅仅知道存在差异是不够的，人们还需要知道这种差异的大小，这就需要考虑效应量。η^2 是一个常用的效应量指标，表示组间差异相对于总差异的比例。一个较大的 η^2 值意味着教学方法对学习成绩的影响是显著的。仅仅知道存在显著差异和差异的大小还不够。为了更具体地了解哪些教学方法之间存在差异，研究者还需要进行后续的多重比较。例如，Tukey 检验是一种常用的多重比较方法，可以帮助研究者确定哪些教学方法之间的差异是显著的。研究者使用 SPSS 进行方差分析，得到了各种统计输出。通过仔细解读这些输出，研究者发现某种教学方法对学生的学习成绩有显著的正面影响。这为教育者提供了宝贵的信息，帮助他们选择更有效的教学方法，从而提高学生的学习效果。

6.3 方差分析的后验检验和效应量计算

方差分析（ANOVA）是一种强大的统计工具，用于比较多个组的均值差异。当方差分析结果显示存在显著差异时，后验检验成为必要，以确定哪些组之间存在差异。此外，效应量的计算可以帮助人们了解这些差异的实际意义和大小。本节将深入探讨后验检验的各种方法、效应量的计算，以及如何使用软件工具进行检验和分析，还将通过实际案例展示如何解释和应用方差分析的结果。

6.3.1　后验检验的方法与软件选择

方差分析（ANOVA）是一种用于比较三个或更多个组均值的统计方法。当 ANOVA 结果显示至少两组之间的均值存在显著差异时，后验检验（也称为多重比较测试）成为必要，以确定具体哪些组之间存在显著差异。

1. 后验检验的方法

在统计分析中，当方差分析的结果显示组间存在显著差异时，通常需要进行后验检验来确定哪些组之间存在这些差异。要进行后验检验，有多种方法可供选择，每种方法都有其特定的应用场景和优势。

HSD 检验由图凯（Jone W.tukey）于1953年提出[①]，它的主要目的是比较所有组的每一对均值。通过运用这种方法，可以确定哪些组之间的差异是真正显著的。这种方法的优势在于它可以进行多重比较，而不增加犯第一类错误的风险。在某些情况下，可能需要进行大量的比较，这时 Bonferroni 校正就变得非常有用。这种方法通过调整显著性水平来控制多重比较可能带来的错误。尽管它可能会增加犯第二类错误的风险，但它在控制第一类错误方面效果显著。Scheffé 测试是另一种后验检验方法，它的特点是可以进行任意子集的比较。这意味着研究者不仅可以比较两个组，还可以比较三个或更多的组。这为研究者提供了更大的灵活性。当有一个特定的组，如对照组，需要与其他所有组进行比较时，

① 杨厚学．应用统计分析 [M].成都：西南交通大学出版社，2009：183

Dunnett 测试是一个很好的选择。这种方法特别适用于那些想要确定新的方法或技术与标准方法或原有技术相比是否有改进的研究。

2. 软件选择

在我国，以下是一些常用的支持方差分析后验检验的统计软件。SPSS 是一款广泛使用的统计软件，因其用户友好的图形界面和丰富的功能而受到许多研究者的喜爱。通过 SPSS，研究者可以轻松地进行各种后验检验，从而深入分析方差分析的结果。SAS 是另一款在我国非常受欢迎的统计软件，在处理大型数据集时表现出色，其强大的编程能力和丰富的统计分析选项使其成为专业研究者的首选。通过运用 SAS，用户可以进行详尽的方差分析，并选择合适的后验检验方法。MATLAB 虽然主要是为数学计算而设计的，但其统计工具箱也提供了方差分析和后验检验的功能。其编程环境允许用户自定义分析流程，能满足特定的研究需求。R 语言是一个开源的统计编程语言，因其灵活性和强大的功能而在统计界受到广泛的欢迎。R 语言有许多专门的包，如 multcomp，专门用于后验检验，使得研究者可以轻松地进行深入的统计分析。尽管 Excel 主要用作电子表格工具，但其内置的统计功能也支持基本的方差分析。但是，对于更复杂的后验检验，研究者可能需要使用特定的插件或选用更专业的统计软件。

6.3.2　效应量的计算与软件工具

效应量是一个描述实验效果大小的统计量，它为研究者提供了除了统计显著性之外的信息。在方差分析中，效应量帮助人们了解组间差异的实际重要性，而不仅仅是这些差异是否统计显著。

1. 效应量的重要性

效应量的计算在科学研究中尤为重要，因为它提供了关于实验效果大小的量化信息。一个实验可能会得出统计显著的结果，但这并不意味着这些结果在实际应用中也是重要的。

2. 常见的效应量指标

η^2：这是方差分析中最常用的效应量指标之一。它表示因变量总变异中由处理效应引起的变异的百分比，以公式表示为

$$\eta^2 = \frac{\mathrm{SS_{between}}}{\mathrm{SS_{total}}}$$

其中，$\mathrm{SS_{between}}$ 表示组间方差的和；$\mathrm{SS_{total}}$ 表示总体方差。

偏 η^2：在多因素方差分析中，它表示除了其他因素的影响外，某一因素对因变量的影响。

Cohen's d：可简写为 d。这是一个常用于 t 检验的效应量，但也可以用于方差分析。它是两组均值之差与标准差的比值，以公式表示为

$$d = \frac{M_1 - M_2}{\mathrm{SD_{pooled}}}$$

其中，M_1 和 M_2 分别表示两组数据的均值；$\mathrm{SD_{pooled}}$ 表示两组数据的标准差。

3. 软件工具

在中国，以下软件工具常用于计算效应量。

（1）SPSS：在方差分析输出结果中，SPSS 提供了 η^2 的值。对于 d，可能需要使用额外的插件或手动计算。

（2）SAS：SAS 提供了多种效应量的计算方法，包括 η^2 和 d。

（3）R 语言：R 语言提供了多个包，如 effectsize 和 compute.es，这些包可以用于计算各种效应量。

（4）G*Power：这是一个免费的软件，主要用于功效分析，但也可以用于计算效应量。

（5）JASP：这是一个免费的统计软件，类似于 SPSS，但提供了更多的效应量计算选项。

6.3.3 方差分析的应用案例与软件展示

方差分析是一种强大的统计方法，用于比较三个或更多个组的均值差异。在实际应用中，方差分析被广泛用于各种领域，如社会科学、生物医学研究中。以下以我国某个农业研究中心对农业研究中施用肥料对产量的影响的研究为例，研究如何使用软件进行方差分析。

我国的某个农业研究中心的科研人员对肥料在农业生产中的效果进行了深入研究。他们选择了一个具有代表性的大片稻田，希望通过实地试验来研究不同肥料对水稻产量的具体影响。这片稻田被划分为四个相等的部分，每个部分分别施用一种特定的肥料。这四种肥料都是市场上常见的品牌，但其成分和施用方法各有不同。科研人员定期对稻田进行观察，记录数据，以确保试验的准确性。水稻成熟后，科研人员对每块田地的水稻进行收割，并仔细测算每块田地的产量，以找出哪种肥料能够最大限度地提高水稻的产量。通过对比四个部分的产量数据，科研人员希望能够为农民提供更为科学的肥料选择建议，从而帮助他们在农业生产中获得更高的经济效益。这项研究不仅对农民有实际意义，还为农业科研提供了宝贵的数据支持。

在农业研究中，为了更精确地评估不同肥料对水稻产量的影响，研究者选择使用 SPSS 这一专业统计软件进行方差分析。首先，他们将收集到的数据输入 SPSS。每种肥料对应的水稻产量被录入为一个单独的变量列，这样可以清晰地看到每种肥料的效果。在进行方差分析之前，研究者首先确保了数据的准确性和完整性。接着，他们通过 SPSS 的"分析"菜单进入"一般线性模型"选项，并选择"单因素"进行分析。在相应的对话框中，他们将"产量"作为因变量，而"肥料类型"则作为固定因子。一切设置完毕后，点击"确定"按钮，SPSS 便开始进行计算。不久，SPSS 提供了详细的输出结果。这个表格详细列出了组间和组内的平方和、自由度、均方、F 值和显著性 P 值。研究者特别关注 P 值，因为它可以反映施用不同肥料的稻田的产量是否存在显著差异。在这个案例中，如果 P 值小于 0.05，则意味着至少有两种肥料在提高水稻产量方面存在显著差异。但这只是初步的分析。为了更深入地了解哪些肥料之间存在显著差异，研究者还需要进行后续的事后比较。这一步骤将帮助他们更精确地确定哪种肥料是最佳选择，从而为农民提供更为科学的建议。

在统计分析领域，有多种软件工具可供研究者进行方差分析。除了广泛使用的 SPSS 外，其他软件也具有强大的功能和灵活性。例如，R 语言是一个开源的统计编程语言，被许多研究者和数据科学家广泛使用。它的 aov 函数可以轻松地进行方差分析，而 TukeyHSD 函数则为用户提供了事后比较的功能。R 语言丰富的包和社区支持使其成为统计分析的首选工具之一。SAS 是另一个强大的统计分析系统，尤其在大型数据集和复杂分析中表现出色。使用 PROC ANOVA，研究者可以轻松进行方差分析，并获取详细的输出结果。尽管 Excel 主要是一个电子表格程序，但其内置的数据分析工具包支持基本的方差分析。对于不熟悉专业统计软件的用户，Excel 提供了一个简单易用的界面来进行初步的分析。JASP 是近年来受到欢迎的免费统计软件，它的用户界面友好，功能齐全，可用于方差分析。与 SPSS 相似，JASP 为用户提供了图形界面，使得数据输入和分析设置变得简单直观。

6.3.4　方差分析的结果解释与软件辅助

方差分析（ANOVA）是统计学中的一种方法，用于比较三个或更多个组的均值。当完成方差分析后，人们会得到详细的输出结果，这些输出结果需要正确解释，以得出有意义的结论。本节将深入探讨如何解释方差分析的结果，并展示如何使用软件辅助这一过程。

1. 结果的基本解释

方差分析的目标是比较两个或多个组的均值，以确定它们是否显著不同。为了做到这一点，本书使用了几个关键的统计量来解释结果。F 值是人们比较组间和组内差异的主要统计量，它是组间均方（mean squared between, MSB）与组内均方（mean square within, MSW）之比。当 F 值很大时，这意味着组间的差异远大于人们期望的随机差异，这可能是由于人们正在测试的处理或因子的影响。简而言之，F 值反映了组间差异的相对大小。P 值反映了差异是否可能仅仅是由于随机因素。一个小于 0.05 的 P 值通常被认为是统计显著的，这意味着人们有足够的证据拒绝零假设，即所有组的均值都是相同的。平方和是另一个关键的统计量，表示数据中的变异。总的平方和表示数据中的总变异，而组间和组内的平方和分别表示由处理效应和随机误差引起的变异。理解这些变异来源对于解释方差分析的结果至关重要。均方是平方和与其对应的自由度之比。它为人们提供了每个来源（如组间或组内）的平均变异。组间和组内的均方是计算 F 值的基础。

2. 软件辅助解释

在当今的数据驱动时代，统计软件在帮助研究者解释和理解方差分析结果方面发挥着至关重要的作用。这些软件不仅提供了计算工具，还为用户提供了直观的输出，帮助他们更好地理解和解释数据。例如，SPSS 是一款广泛使用的统计软件，为用户提供了一个直观的界面来进行方差分析。当用户完成分析后，SPSS 会在输出窗口中显示详细的方差分析表，表中包括平方和、自由度、均方、F 值和 P 值等内容。这些输出帮助研究者确定组间是否存在显著差异。此外，SPSS 还提供了多种事后检验的选项，允许用户深入探索数据，确定哪些特定的组之间存在差异。另一方面，R 语言是一个强大的统计编程工具，提供了丰富的函数和包来进行方差分析。使用 R，研究者可以轻松地查看方差分析表，并使用各种包进行事后检验和效应量计算。这为研究者提供了更大的灵活性，允许他们根据自己的需要进行定制。Excel 尽管主要是一个电子表格软件，但它的数据分析工具包为那些不熟悉专业统计软件的用户提供了一个简单的方差分析解决方案。虽然它的功能可能不如其他软件那么强大，但对于初学者或那些只需要进行基本分析的人来说，它是一个很好的选择。

例如，为比较三种不同的治疗方法对患者恢复情况的影响，研究者使用 SPSS 进行方差分析，并发现其中两种治疗方法之间存在显著差异。通过事后检验，研究者进一步确定了这些差异的具体性质。除了基本的方差分析表，研究者还可能关心其他统计量，如效应量，这些统计量可以提供关于差异大小的信息。此外，事后检验可以帮助确定哪些组之间存在显著差异。

第 7 章　时间序列分析

时间序列分析是统计学和经济学中的一个重要分析方法，专门研究时间序列数据的模式和结构，以及如何预测未来的数据点。这一章将深入探讨时间序列分析的基础知识，包括其定义、特点和主要成分。本章还将介绍各种时间序列模型，如 AR、MA 和 ARIMA，并展示如何使用软件工具进行分析和预测。此外，本章还将探讨如何评估预测的准确性，选择合适的模型，并分析预测误差。通过本章的学习，读者将掌握时间序列分析的核心概念和方法，以及如何在实践中应用这些知识。

7.1　时间序列分析的基础知识

时间序列分析是对随时间变化的数据序列进行研究的统计方法。本节首先介绍时间序列的定义和其独有的特点；其次，探讨时间序列的主要成分，如趋势、季节性和随机波动，并展示如何使用软件工具进行可视化；再次，介绍平稳性的检验方法和相关软件工具；最后，深入探讨季节性的分析方法及其在软件中的实现。

7.1.1　时间序列的定义与特点

1.定义

时间序列是按时间顺序观察到的数据点的集合。简而言之，它是在连续的时间间隔上记录的数据值。通常时间间隔是均匀的，可以是每秒、每分钟、每小时、每天、每月、每年或任何其他固定的时间间隔。

2. 特点

时间依赖性：时间序列数据最显著的特点是它们具有时间依赖性。这意味着某一时刻的数据值可能受到前一时刻数据值的影响。

（1）季节性：许多时间序列数据，特别是与经济和社会活动相关的数据，都表现出某种季节性。例如，冰激凌的销售量在夏季可能会增加，而在冬季则会减少。

（2）趋势：时间序列数据可能会显示出长期的上升或下降的趋势。例如，一个国家的 GDP 可能会随着时间的推移而增长，或者某个产品的销售量可能会随着时间的推移而减少。

（3）周期性：除了季节性外，时间序列数据还可能显示出周期性。这意味着数据可能会在不规律的时间间隔上显示出上升和下降的模式。

（4）随机波动：时间序列数据可能会受到随机因素的影响而发生的波动，这些因素可能是不可预测的。这种随机波动可能是由不可预测的事件，如自然灾害、政治事件或其他突发事件引起的。

（5）自相关性：在时间序列中，一个时间点的数据值可能与其他时间点的数据值相关。这种时间点之间的相关性被称为自相关性。

（6）非平稳：大多数时间序列模型都假设数据是平稳的，这意味着数据的统计特性（如均值和方差）在时间上是恒定的。然而，许多实际的时间序列数据都是非平稳的。

例如，中国的 GDP 增长率是时间序列数据，可能会显示出长期的增长趋势，因为中国的经济在过去几十年里一直在增长。这些数据可能还会显示出季性，因为某些季节的经济活动可能会比其他季节更为活跃。此外，由于某种不可预测的事件，如全球金融危机，这些数据可能还会受到影响。

7.1.2 时间序列的成分与软件展示

1. 时间序列的成分

时间序列数据通常由四个主要成分组成：趋势、季节性、周期性和随机或不规则的波动。

趋势（trend）：趋势描述了数据随时间变化的长期方向。例如，中国的经济在过去几十年里一直在增长，呈上升的趋势。

季节性（seasonality）：季节性描述了数据在固定的时间间隔内的规律性波动。例如，零售业在春节期间可能会出现销售高峰，而在其他时间则可能会出现销售低谷。

周期性（cyclicity）：周期性描述了数据在不固定的时间间隔内的波动。这些波动通常与经济周期有关，如经济的扩张和衰退。

随机或不规则的波动（irregular component）：这些是时间序列中的随机变化，不能被趋势、季节性或周期性解释。它们可能是由不可预测的事件引起的，如自然灾害或政治事件。

2. 软件展示

在进行时间序列分析时，有多种软件工具可以帮助人们识别和模拟这些成分。SPSS 是一个广泛使用的统计软件，它提供了时间序列分析模块，用户可以通过图形和表格清晰地看到趋势、季节性和周期性的影响。R 语言提供了多种工具和函数，如 forecast 包中的 decompose() 函数，可以将时间序列分解为其各个成分。Python 也是一个强大的工具，它的 Statsmodels 库提供了多种时间序列分析功能。Excel 虽然主要是一个电子表格工具，但它的添加移动平均线或趋势线的功能可以使数据的发展趋势可视化。

例如，对于我国的月度电力消费数据，可以使用 R 语言或 Python，将其分解为趋势、季节性和随机成分。从趋势来看，可以看到电力消费是否随着时间的推移而增加或减少。从季节性来看，可以看到在哪些月份电力消费增加，而在哪些月份减少。随机成分可以帮助人们识别任何异常的波动，这些波动可能是由不可预测的事件引起的。

7.1.3　平稳性的检验与软件工具

1. 平稳性的定义

在时间序列分析中，平稳性是一个至关重要的概念。一个平稳的时间序列的统计性质（如均值、方差和自相关）不随时间变化。简而言之，平稳性意味着时间序列不会随时间变化显示出明显的趋势或季节性，并且其方差在时间上保持恒定。

2. 平稳性检验的重要性

大多数时间序列模型，如 ARIMA，都假设数据是平稳的。非平稳数据可能导致模型估计不准确，并可能导致作出具有误导性的预测。因此，在应用这些模型之前，检验数据的平稳性是至关重要的。

3. 平稳性的检验方法

平稳性是许多时间序列模型（如自回归模型）的一个基本假设。对于非平稳的数据，进行时间序列分析可能会产生具有误导性的结果，因此检验数据的平稳性是非常重要的。图形方法是一种简单直观的检验数据平稳性的方法。通过观察时间序列图，可以看到数据的整体趋势和波动情况。如果图中没有明显的上升或下降的趋势，没有明显的季节性变化，并且数据的波动在整个时间段内都保持大致恒定，那么可以初步判断数据是平稳的。摘要统计法通过比较数据不同部分的统计特性来检验平稳性。具体来说，可以将数据分为两部分，分别计算这两部分的均值和方差。如果这两部分的均值和方差都相近，那么数据是平稳的。单位根检验是一种更为正式的，用于检验时间序列的平稳性的统计方法。Augmented Dickey-Fuller（ADF）检验是其中最为常用的一种。在 ADF 检验中，零假设是序列有一个单位根，即序列是非平稳的。如果 P 值小于某一显著性水平（如 0.05），则拒绝零假设，认为数据是平稳的。

4. 软件工具

在时间序列分析中，平稳性是一个关键的前提条件，因为许多时间序列模型都假设数据是平稳的。为了确保数据的平稳性，研究者通常会使用各种软件工具进行单位根检验，如 ADF 检验。在 R 编程语言中，可以利用 tseries 包中的 adf.test() 函数来进行 ADF 测试。这个函数会输出一个测试统计量和对应的 P 值。另外，forecast 包中的 auto.arima() 函数在选择适当的 ARIMA 模型时，会自动进行平稳性检验，确保数据满足模型的假设。Python 的 Statsmodels 库也提供了这一功能，通过 adfuller() 函数，人们可以轻松地对时间序列数据进行 ADF 检验。这个函数同样会输出一个测试统计量和 P 值，帮助人们检验数据的平稳性。SPSS 在 "时间序列模型" 选项中提供了 ADF 检验功能，使得不懂编程的用户也能轻松进行平稳性检验。EViews 作为一个专门的时间序列分析软件，不仅提供了 ADF 检验，还提供了其他多种单位根检验方法。以我国的 GDP 时间序列数据为例，过去几十年的 GDP 快速增长可能意味着数据存在非平稳性。为检验平稳性，可通过使用 R 语言或 Python 进行 ADF 测试。如果测试结果显示数据非平稳，那么在进行进一步的分析之前，可能需要对数据进行一阶或更高阶的差分，以使其达到平稳状态。

7.1.4 季节性的分析与软件实现

1. 季节性的定义

季节性是时间序列数据中反复出现的、固定和可预测的模式或趋势。这些模式通常与一年中的特定时间段（如季度、月份或星期）有关。例如，冰激凌的销售量可能在夏季增加，而在冬季减少，其销售量数据具有明显的季节性。

2. 识别季节性的重要性

识别季节性是时间序列分析的关键，因为它可以帮助企业做出更准确的预测和决策。例如，零售商可以根据预期的季节性销售增长来增加库存。

3. 季节性的分析方法

为了识别和分析季节性，研究者采用了多种方法。通过简单地绘制时间序列图，可以直观地观察数据中是否存在明显的季节性模式。例如，如果每年的某个特定月份都观察到销售额的增加，那么这可能表明存在季节性。除了图形方法，分解方法也是分析季节性的常用手段。时间序列数据可以被分解为趋势、季节性和随机或不规则的成分。时间序列的季节性分解是一种强大的方法，可以独立地估计和移除数据中的趋势和季节性成分，从而更清晰地展现出数据的季节性模式。季节性指数是用于量化季节性强度的数值方法，可以测量特定季节期间的平均活动与整体平均水平之间的相对差异。例如，如果冬季的销售额是年均销售额的150%，则季节性指数为1.5。这种方法为人们提供了一个量化的工具，帮助人们更准确地理解季节性的影响。

4. 软件工具

在数据分析领域，季节性是时间序列数据中的关键特征，多种软件工具都提供了对季节性的分析功能。例如，R 语言中的 stats 包提供了 decompose() 和 stl() 函数，这些函数允许人们对时间序列数据进行季节性分解，从而揭示出数据中的季节性模式。此外，forecast 包中的 seasonplot() 函数可以帮助人们绘制出季节图，使人们能够直观地观察数据的季节性的变化。Python 的 Statsmodels 库也为人们提供了类似的功能，seasonal_decompose() 函数可以帮助人们对时间序列数据进行季节性分解。而 SPSS 和 EViews 这两款专业的统计软件也为用户提供了一系列强大的时间序列季节性分析工具。以我国的旅游业为例，春节是我国最重要的传统节日，每年春节大多数人会选择回家与家人团聚，这导致交通需求的急剧增加。通过使用 R 语言或 Python 的季节性分析工具，人们可以清楚地看到每年春节期间旅游和交通需求数据出现明显峰值。这种深入的季节性分析为交通运输公司提供了宝贵的信息，使它们能够提前做好准备，如增加春节期间的班次或根据需求调整票价，从而更好地满足旅客的需求，并实现经济效益的最大化。

7.2 常见的时间序列模型

时间序列分析的核心是模型的选择与应用，为人们提供了预测未来值的工具。本节将探讨几种主流的时间序列模型，包括 AR、MA 和 ARIMA 模型，这些模型捕捉了数据中的自相关性。本节还将介绍指数平滑法，它是预测季节性和趋势变化的另一种方法。此外，状态空间模型为人们提供了一种更为灵活的框架来描述时间序列的动态变化。本节将探讨如何使用软件工具分解时间序列，从而更好地理解其底层结构。这些模型和方法为人们提供了深入了解时间序列数据的途径，并帮助人们做出更准确的预测。

7.2.1　AR、MA 和 ARIMA 模型的软件应用

时间序列分析中的自回归模型（AR）、移动平均模型（MA）和自回归整合移动平均模型（ARIMA）是最常用的几种模型。这些模型在经济学、金融学、气象学等多个领域都有广泛的应用。为了更好地理解和应用这些模型，许多软件工具已经被开发出来。

1.AR 模型的软件应用

自回归模型（AR）是时间序列分析中的一种基本方法，它利用数据的过去观测值来预测未来的值。在中国，随着数据科学和统计学的发展，R 语言已经成了许多用户的首选工具。特别是在时间序列分析领域，R 语言的 forecast 包为用户提供了一系列强大的工具，使得 AR 模型的应用变得尤为简便。要在 R 语言中应用 AR 模型，首先需要安装并加载 forecast 包。这个包不仅可以帮助用户用 AR 模型进行分析，还能够自动选择最佳的 AR 阶数，这对于非专家用户来说是非常有帮助的。使用 auto.arima() 函数，用户可以轻松地确定最适合其数据的 AR 模型阶数，从而避免了手动选择和尝试的麻烦。确定了模型的阶数后，用户就可以使用 arima() 函数来拟合模型，得到时间序列的参数估计。然后，使用 forecast() 函数，用户可以基于拟合的模型进行预测，估计未来的观测值。

2.MA 模型的软件应用

移动平均模型（MA）是基于过去的误差项来预测未来的观测值的。

在 SPSS 软件中，可以使用"时间序列预测"模块来进行 MA 模型的分析。

3.ARIMA 模型的软件应用

ARIMA 模型结合了 AR 和 MA 模型，并考虑了时间序列的非平稳性。Python 的 Statsmodels 库可实现 ARIMA 模型，使用 arima() 函数可以拟合模型，并使用 predict() 函数进行预测。

除了上述提到的软件工具外，EViews、Matlab 和 SAS 等软件也提供了 AR、MA 和 ARIMA 模型的实现。

例如，在对我国的 GDP 增长率进行时间序列分析时，可以使用 ARIMA 模型来预测未来的 GDP 增长率。首先，可使用 R 语言的 auto. arima() 函数来确定最佳的模型参数；其次，可使用这些参数拟合模型，并进行预测。这种方法可以帮助政府和企业做出更加明智的决策。

7.2.2　指数平滑法的软件实现

指数平滑法是时间序列预测中的一种常用方法，特别适用于数据具有趋势或季节性的情况。这种方法通过赋予最近的观测值更大的权重来进行预测，从而使预测更加灵活和准确。随着技术的进步，许多软件工具已经集成了指数平滑法，使得分析师可以更容易地应用这种方法进行预测。

1.R 语言的实现

在 R 语言中，forecast 包是进行时间序列分析的主流工具。该包提供了 ets() 函数，可以自动选择最佳的指数平滑模型。使用 forecast() 函数，可以基于所选模型进行预测。

例如，对于一个时间序列数据 ts_data，可以使用以下代码进行指数平滑预测：

```
install.packages("forecast")
library (forecast)
model <- ets(ts_data)
forecasted_data <- forecast(model)
plot (forecasted _data)
```

2.Python 的实现

在 Python 中，Statsmodels 库提供了指数平滑法的实现。使用 Exponential Smoothing 类，可以拟合各种指数平滑模型。

例如：

```
from statsmodels.tsa.holtwinters import ExponentialSmoothing
model = ExponentialSmoothing(data, trend='add',
seasonal='add', seasonal_periods=12)
fit = model.fit()
forecasted_data = fit.forecast(steps=12)
```

3.SPSS 的实现

SPSS 是一款流行的统计分析软件，提供了指数平滑法的实现。用户可以在"时间序列预测"模块中选择"指数平滑"方法，并根据数据的特点选择合适的模型参数。

4.EViews 的实现

EViews 是经济学和金融学中常用的统计软件。在 EViews 中，用户可以轻松地应用指数平滑法进行时间序列预测。用户只需在"对象"菜单选择"时间序列预测"选项，然后选择"指数平滑"方法即可。

我国的零售数据通常具有明显的季节性。例如，春节期间的销售额通常会增加。为了预测未来的销售额，人们可以使用指数平滑法。使用

R 语言的 forecast 包，人们可以轻松地拟合一个季节性指数平滑模型，并进行预测。这种方法可以帮助零售商做出增加或减少库存的决策和是否促销的决策。

7.2.3　状态空间模型与软件分析

状态空间模型是时间序列分析中的一种强大工具，提供了一种灵活的框架来描述时间序列的动态特性。这种模型的核心思想是将时间序列数据分解为多个不可观测的"状态"组件，这些组件随时间变化，并通过观测方程与观测数据相互关联。

1. 定义与特点

状态空间模型由两个主要方程组成：状态方程和观测方程。状态方程描述了状态变量的时间动态，而观测方程描述了如何由这些状态变量得到观测数据。状态空间模型的一个关键特点是灵活性强，它可以描述线性系统和非线性系统、时变系统和时不变系统，并能提供系统状态信息。

2. 软件实现

许多统计和计量经济学软件都可以实现状态空间模型，以下是一些主要的工具。

R 语言：KFAS 和 dlm 包提供了状态空间模型的广泛实现，包括模型的估计、预测和模拟。

例如：

```
library (KFAS)
model <- SModel(ts_data ~ SSMtrend(2) + SSMseasonal(period=12))
fit <- fitSSM(model)
```

forecasted_data <- KFS(fit$model)

Python：Python 中的 Statsmodels 库提供了状态空间模型的实现，包括线性高斯模型和非线性模型。

例如：

from statsmodels.tsa.statespace.sarimax import SARIMAX

model = SARIMAX(data, order=(1,1,1)，seasonal_order=(1,1,1,12))

fit = model.fit()

forecasted_data = fit.forecast(steps=12)

Matlab：Matlab 的系统识别工具箱提供了状态空间模型的实现，包括模型的估计和验证。

EViews：EViews 提供了状态空间模型的实现，用户可以使用图形界面或命令行来估计和预测模型。

例如，我国的经济增长数据可能受到多种因素的影响，如政策变化、全球经济环境等。状态空间模型可以帮助人们分解这些影响因素并预测未来的经济增长率。例如，人们可以使用状态空间模型来分析中国的 GDP 增长率，将其分解为趋势、周期和季节性组件，预测未来的增长率。

7.2.4　时间序列的分解与软件工具

时间序列分析的一个核心任务是将观测到的数据序列分解为其组成部分。这种分解通常涉及从原始数据中识别和提取趋势、季节性和随机或不规则的成分。这种分解可以为人们提供关于数据的深入洞察，并为进一步的分析和预测提供基础。

1. 时间序列的基本成分

趋势成分：表示时间序列的长期方向或路径。它可以是上升的、下降的，也可以是稳定的。

季节性成分：表示时间序列中的规律性波动，这些波动通常与季节或特定时间段（如每天、每周或每月）有关。

随机或不规则成分：这是时间序列中的随机波动，不能归因于趋势或季节性。

2. 软件工具

R 语言：R 语言提供了 decompose 和 stl 函数，可以用于时间序列的经典分解和季节性 - 趋势分解。

代码示例：

```
library(stats)

decomposed_data <- decompose(ts_data)

plot (decomposed _data)
```

Python：Python 的 Statsmodels 库提供了时间序列分解的功能。

代码示例：

```
from statsmodels. tsa.seasonal import seasonal_decompose

result = seasonal_decompose(data, model= 'multiplicative')

result.plot ()
```

Matlab：Matlab 提供了 decompose 函数，用于时间序列数据的分解。

EViews：EViews 软件也提供了时间序列分解的功能，用户可以通过图形界面进行操作。

考虑到我国的月度零售数据可能呈现出明显的季节性，如春节期间的销售量可能会增加，而夏季销售量可能会有所下降，使用时间序列分解，可以清楚地看到这些数据的季节性模式，以及任何潜在的长期趋势或周期性波动。

考虑到中国的电力消费数据可能会受到多种因素的影响，如气候变化、工业生产和居民消费，通过时间序列分解，人们可以分别分析这些因素对电力消费的影响，并更好地理解电力消费的动态。

7.3 时间序列的预测和模型选择

时间序列分析的核心目标之一是预测未来的数据点。为了实现这一目标，选择正确的模型至关重要。本章将深入探讨如何评估预测的准确性、如何选择最佳的时间序列模型，以及如何利用软件工具完成这些任务。本节还将结合我国的实际案例来展示时间序列分析的应用，并深入研究预测误差的来源和如何使用软件工具进行误差分析，为读者提供一个完整的框架，帮助他们更有效地进行时间序列预测和模型选择。

7.3.1 预测的准确性评估与软件辅助

预测的准确性对时间序列分析十分重要。无论是出于做出正确的业务决策、金融投资决策的目的，还是出于其他目的，准确的预测都能为决策者提供有价值的信息。本节将探讨如何评估预测的准确性，并介绍如何使用软件工具进行评估。

1. 预测误差的度量

预测误差是实际观测值与预测值之间的差异。常用的误差度量方法有以下几种。

（1）均方误差（MSE）是预测误差平方的平均值。计算公式为

$$MSE = \frac{1}{n} \sum_{i=1}^{n} (y_i - \hat{y}_i)^2$$

式中：n 为样本数量；y_i 为真实值；$\hat{y}_i$ 为模型预测值。

（2）均方根误差（RMSE）是 MSE 的平方根，可以更好地反映实际误差大小。

（3）平均绝对误差（MAE）是预测误差绝对值的平均值。计算公式为

$$MAE = \frac{1}{n}\sum_{i=1}^{n}\left|y_i - \hat{y}_i\right|$$

式中：n 为样本数量；y_i 为预测值；$\hat{y}_i$ 为实际值。

（4）平均绝对百分比误差（MAPE）是预测误差与实际值之比的平均值，适用于需要考虑误差相对大小的情况。

2. 软件工具的应用

在中国，R 和 Python 是进行时间序列分析的流行软件工具。这些软件提供了丰富的包和库，方便计算上述误差。

例如，在 R 中，可以使用 forecast 包的 accuracy 函数来计算预测误差；而在 Python 中，可以使用 sklearn.metrics 中的函数，如 mean_squared_error 和 mean_absolute_error，计算预测误差。

3. 预测准确性的重要性

预测的准确性不仅关系到决策的质量，还可能影响到企业的经济效益。例如，一个生产企业如果对产品未来的需求量预测过高，可能会导致库存积压；如果预测过低，则可能导致缺货。因此，选择合适的模型并准确评估其预测效果是至关重要的。

7.3.2　模型选择的准则与软件工具

在时间序列分析中，选择合适的模型对于提高预测的准确性至关重

要。但面对众多的模型，应该如何做出选择呢？本节将探讨模型选择的准则，并介绍如何利用软件工具进行模型选择。

1. 模型选择的准则

模型选择不仅仅基于预测的准确性，还需要考虑多种其他因素。首先，简单性原则强调在确保预测准确性的同时，应优先选择简单的模型。这是因为简单的模型不但更易于理解和解释，而且在新数据上的泛化能力通常更为出色，从而避免出现过度拟合的问题。

常用的误差指标有均方误差（MSE）、均方根误差（RMSE）、平均绝对误差（MAE）和平均绝对百分比误差（MAPE），为人们提供了关于模型预测准确性的直观信息。然而，仅仅考虑预测误差可能会导致模型过于复杂。为了解决这个问题，可以使用信息准则，如赤池信息准则（akaike information criterion, AIC）和贝叶斯信息准则（Bayesian information criterion, BIC）。这些准则在评估模型时考虑了模型的复杂度和拟合度，从而帮助人们在模型的简洁性和预测能力之间找到一个平衡点。一个好的模型应该在不同的数据集上都有稳定的表现。通过使用交叉验证或滚动预测，人们可以评估模型在不同数据子集上的性能，从而确保模型的稳定性和鲁棒性。模型的解释性在许多应用中也是非常重要的，尤其在商业决策或政策制定中，人们不仅想知道预测的结果，还想了解哪些因素会对预测结果产生影响，以及它们是如何产生影响的。因此，模型的解释性有时甚至比预测准确性更为重要。

2. 软件工具的应用

在当今数据驱动的时代，时间序列分析已成为多个领域不可或缺的工具，在我国，R 语言和 Python 广泛用于时间序列的建模和分析。R 语言以其强大的统计功能和丰富的包著称，为时间序列分析提供了广泛的支持。特别是 forecast 包，为用户提供了一系列的工具，从自动选择最佳的 ARIMA 模型的 auto.arima 函数，到根据赤池信息准则（AIC）和贝叶斯信息准则（BIC）进行模型选择的功能，都使得 R 成了时间序列分析的首选工具。Python 也在时间序列分析领域崭露头角，其 Statsmodels 库为用户提供了一整套完善的时间序列分析工具，无论是 ARIMA 模型，还是指数平滑模型，都可以轻松实现。更为重要的是，通过 Statsmodels，用户可以直接访问模型的 AIC 和 BIC 属性，从而根据信息准则进行模型选择，确保模型既简单又有效。除了基本的模型拟合和选择工具，R 语言和 Python 都提供了交叉验证和滚动预测的功能。这些工具允许用户在不同的数据子集上评估模型的性能，确保所选模型在新数据上具有良好的泛化能力。

在我国，随着大数据和人工智能的发展，时间序列分析在各个领域都得到了广泛应用。无论是金融业、电商业还是制造业，都需要准确的预测来指导决策。因此，选择合适的模型和软件工具显得尤为重要。

7.3.3 时间序列的应用案例与软件展示

时间序列分析在现实生活中有着广泛的应用，从经济预测、股票市场分析到天气预报，其几乎应用于所有领域。本节将通过具体的中国国内案例，展示时间序列分析的实际应用，并介绍相关的软件工具。

1. 应用案例：电商销售预测

随着电商平台（如淘宝、京东和拼多多）在中国的迅速崛起，如何准确预测销售额成了企业的难题。例如，"双十一"购物节前，电商平台需要预测销售额，以确保库存充足并优化物流策略。

案例分析：通过收集过去几年的"双十一"销售数据，使用时间序列分析，可以预测当年的销售额。数据可能会显示出明显的季节性，因为"双十一"的销售额通常远高于其他时期。

软件展示：使用 R 语言的 forecast 包，可以轻松地对数据进行季节性分解，并使用 auto.arima 函数来自动选择最佳的 ARIMA 模型进行预测。

2. 应用案例：股票市场分析

在中国的股票市场上，时间序列分析被广泛用于预测股价走势。

案例分析：投资者可能会收集过去几年的股价数据，使用时间序列分析来预测未来的股价。此外，他们还可能考虑其他因素，如宏观经济指标和公司财报，来优化预测模型。

软件展示：Python 的 Statsmodels 库提供了丰富的时间序列分析工具。例如，使用 ARIMA 类，投资者可以轻松地拟合 ARIMA 模型，并进行股价预测。

3. 应用案例：电力需求预测

随着中国经济的快速发展，电力需求也在持续增长。电力公司需要准确预测电力需求，以确保供电稳定。

案例分析：通过收集过去的电力消耗数据，电力公司可以使用时间序列分析来预测未来的电力需求。数据可能会呈现明显的季节性，因为夏季和冬季的电力消耗通常会增加。

软件展示：使用 R 语言的 forecast 包，电力公司可以轻松地进行电力需求预测。此外，forecast 包还提供了 ets 函数，可以自动选择最佳的指数平滑模型。

7.3.4 预测的误差分析与软件辅助

预测是时间序列分析的核心，但任何预测模型都不可能完美，因此对预测结果的误差进行分析是至关重要的。通过误差分析，人们可以了解模型的准确性、偏差和稳定性，从而为决策提供更有价值的信息。本节将深入探讨预测误差的分析方法，并介绍相关的软件工具。

1. 误差的定义

预测误差是观测值与预测值之间的差异。它可以分为系统误差和随机误差，系统误差是由模型偏差引起的，而随机误差是由不可预测的随机因素引起的。

2. 常见的误差度量

为了准确地衡量模型的预测能力，人们经常使用各种误差度量方法。这些度量方法为人们提供了一个量化的方式来评估预测值与实际值之间的差异。平均绝对误差（MAE）是一种直观的误差度量方法，是预测值与实际值之间的平均绝对差异。MAE 为人们提供了一个理解模型的平均误差大小，而不用考虑误差的方向的简单而直接的方式。均方误差（MSE）是另一种常用的误差度量方法，是预测误差的平方的平均值。与 MAE 不同，MSE 给予了较大误差更高的权重，这意味着模型的大误差会受到更为严重的惩罚。均方根误差（RMSE）是 MSE 的平方根，它的优点是与原始数据单位相同，使人们可以更直观地理解模型的误差大小。平均绝对百分比误差（MAPE）是一种相对误差度量方法，表示预测误差与实际值之间的平均百分比，为人们提供了一个评估模型的相对误差的量化的方式，特别适用于当人们关心预测误差相对于实际值的大小时。

3. 误差的可视化

在数据分析中，仅仅通过数字来评估模型的误差可能不够直观。为了更深入地了解模型的性能和潜在问题，可将误差可视化。通过将误差可视化，人们更容易发现模型的问题，从而进行相应的调整和优化。残差图是一种常见的误差可视化方法，可以显示误差的变化趋势。在一个理想的模型中，这些残差应该均匀地分布在零线周围，没有任何明显的模式或趋势。如果残差图中出现某种模式或趋势，可能意味着模型未能捕捉到数据中的某些信息。误差分布图关注预测误差的整体分布。通过观察误差的分布形状，人们可以判断误差是否符合正态分布，这对于许多统计测试和模型假设是很重要的。如果误差呈现出偏斜或重尾的特点，可能意味着模型的某些假设被违反了。自相关图则关注残差的时间相关性。在时间序列分析中，人们希望模型的残差是不相关的，因为这意味着模型已经充分捕捉到了数据中的所有相关信息。如果自相关图显示残差具有显著的自相关性，这可能意味着模型中还有一些未被考虑的时间依赖结构。

4. 软件工具

在金融和经济领域，时间序列分析是一个至关重要的工具。为了确保预测的准确性和可靠性，分析师经常使用各种软件工具来评估和可视化模型的误差。R 语言作为一种强大的统计编程语言，已经成为许多分析师的首选。其 forecast 包不仅提供了一系列时间序列分析函数，还提供了用于误差分析的工具。例如，使用 accuracy 函数，分析师可以快速计算出模型的 MAE、MSE 等；而 autoplot 函数则允许用户轻松地绘制残差图和自相关图，从而直观地评估模型的性能。Python 也是一个越来越受欢迎的数据分析工具，其 Statsmodels 库为时间序列分析提供了广泛的支持。例如，使用 ARIMA 类，分析师可以拟合复杂的时间序列模型，并使用 plot_diagnostics 方法来可视化模型的误差，从而进一步评估模型的质量。对股市的走势进行预测是一个非常具有挑战性的任务，因为股市受到许多不可预测的因素的影响。但是，通过使用 R 语言或 Python，分析师可以更加深入地了解模型的性能。例如，残差图可以帮助人们识别模型可能遗漏的模式或趋势，误差分布图可以反映预测误差是否符合正态分布，这是许多统计假设的基础。通过这些工具，分析师可以更加自信地对股市走势做出预测。

第 8 章　案例分析

8.1 描述性统计分析案例

此研究通过基于问卷形式的描述性统计分析探索大学生在职业生涯规划方面的现状，经过问卷数据 SPSS 分析，发现目前大学生在职业生涯规划过程中存在生涯规划意识不强、对自我认识能力较弱和学校辅导及相关设施不够充分等问题。

8.1.1 研究方法

（1）此次调查选择了 1 000 名大学生作为研究样本，其中收回有效问卷 898 份。

（2）问卷设计：设计了涵盖多个方面内容的问卷，包括个人背景调查、职业规划认知、职业目标设定、实践经验等内容。

（3）数据分析：使用 SPSS 软件运用描述性统计方法对问卷结果进行整理和综合分析。

8.1.2 数据结果分析

1.背景特征

该问卷在统计时间内共回收有效问卷 898 份。被调查人员的基本信息如表 8-1 所示。从男女比例来看，此次被调查的大学生中，男生数量略多于女生数量。从学科专业分布来看，社会科学类以及工科类的学生较多，符合 H 大学的学科分布特点。从被调查人员所属年级来看，大二、大三的大学生所占比例较高，两者的和占 70.9%，这两个年级的大学生正处于学习职业生涯规划知识的关键阶段，他们对职业生涯规划的认识程度更能反映 H 大学对学生职业生涯规划的教育情况。

表8-1　被调查人员个人信息

变量		频　率	百分比
性别	男	369	41.1%
	女	529	58.9%
年级	大一	116	12.9%
	大二	252	28.1%
	大三	384	42.8%
	大四	98	10.9%
	研究生	48	5.3%
专业	理科类	173	19.3%
	人文类	187	20.8%
	工科类	203	22.6%
	社会科学类	294	32.7%
	艺术体育类	30	3.4%
	其他	11	1.2%

2. 职业规划现状

（1）大学生职业规划认知程度分析。H 高校学生对职业生涯规划认识的问卷调查结果如图 8-1 所示。首先，将学生是否接受过专业的规划课程指导作为衡量学生认知程度的第一个因素。从图 8-1（a）中可以看出，在 898 名受访者中接受"很多课程指导"的学生仅仅占 9.0%，比例明显偏低，没有接受任何课程指导的学生占 33.4%，可想而知，学生通过认识职业规划的首要途径"课程指导"的收获偏低。其次，阅读职业规划的相关书籍也是一个很有效的了解职业生涯规划知识的途径，但仅有 28.20% 的学生读过很多相关书籍，如图 8-1（b）所示。最后，在了解职业生涯规划的程度上，非常了解的学生仅占 7.4%，了解程度一般和有点了解的学生占比高达 35.4% 和 24.4%，如图 8-1（c）所示。

如若将了解职业生涯规划的程度分为了解和不了解两大类，H 学院了解职业生涯规划的学生占比较多，说明学生意识到了职业生涯规划的重要性，而且有所了解。但接受一些或没有接受规划课程指导的学生占大多数，很少读或没有读过职业规划书籍的学生占 63.1%，说明学校未形成相关的职业规划课程并进行专业的指导，进而表明 H 学院学生对于职业生涯规划的重要性缺乏足够的了解，缺少职业生涯规划知识，学校需要更好地普及这方面的知识。此外，学校所提供的职业规划课程以及相应书籍不足，同时学校就业中心没有专业的职业规划师以及相关辅导人员，需要加强队伍建设。

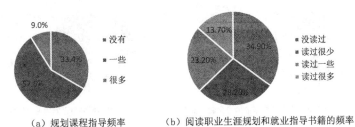

（a）规划课程指导频率　　　　（b）阅读职业生涯规划和就业指导书籍的频率

（c）对职业生涯规划的了解程度

图 8-1　H 学院学生对职业生涯规划的认识

（2）大学生自我认知程度分析。图 8-2 对学生对自身专业以及对未来的规划方面进行数据分析。对于所学专业未来的职业前景的了解程度为非常清楚以及清楚的学生分别占 13.6% 和 31.1%，本该人人熟知的专业知识，真正了解的学生却占了少数；非常明确以及明确自己的职业发展规划的大学生分别有 5% 和 21.9%；有明确的职业目标的学生仅有23.4%。对学生的高考志愿由谁决定进行调查，结果显示 57.2% 的学生是由父母及老师决定高考志愿，仅有 32.5% 的学生是根据自己的兴趣、爱好决定要报考的大学、专业。

这说明 H 学院学生未能全面深入地了解自己所学的专业的就业前景，在确定职业目标的时候，存在盲目乐观、好高骛远的心态，不能很好地将主观因素和客观因素结合，因而也就无法明确自己的职业生涯发展规划。

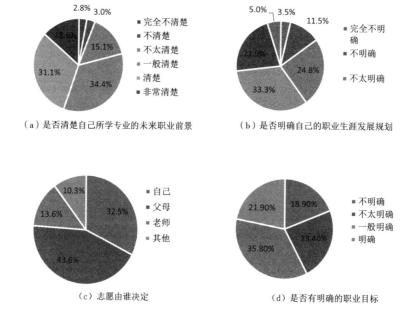

（a）是否清楚自己所学专业的未来职业前景

（b）是否明确自己的职业生涯发展规划

（c）志愿由谁决定

（d）是否有明确的职业目标

图 8-2　H 学院学生对自我的认识

（3）大学生实践能力分析。H 学院学生参加实践活动或者实习工作的数据分析结果如图 8-3 所示。由图 8-3 可以得出，该学院学生的实践经历颇少，调查中有 48.4% 的同学的实践经验只有一次、两次，甚至没有，仅有 17.7% 的学生参与实践活动或工作实习的次数较多。

工作经验不仅仅只有参加工作以后才能获得，在大学假期或者业余时间也可以通过积极参加各种实践活动来获得书本之外的知识。比如，参加社团活动、做家教、打零工等都是学生提升实践能力的有效方式，而且大学期间积极参加实践活动能更好地增强学生的职业规划能力。

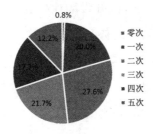

图 8-3　H 学院学生参加实践活动或工作实习次数

由上面的分析可知，H 学院大学生职业生涯规划存在如下不足：许多学生缺乏职业生涯规划知识，对所学专业的就业前景了解较少，缺少明确的职业规划；H 学院就业指导体系不完善，等等。对此，可从以下几个方面改进。

8.1.3　改进对策

1.政府需要加强的方面

（1）政府应制定相关政策。政府相关部门应该出台针对大学生职业生涯规划教育和辅导方面的相关政策和文件，并对高校相关教育和辅导工作的地位、考核制度等方面做出明确的规定。

（2）加大宣传力度。有关部门有必要加大对职业规划重要性的宣传力度，利用电视、互联网等媒体进行宣传，以增强社会公众对职业教育的了解。同时，相关单位工作人员要及时更新当地人才网的信息，以便学生从中找到有效的信息。

2. 学校需改进的方面

（1）强化教育和辅导。学校应该加强职业规划教育和辅导，为学生提供必要的资源和指导。可以开设职业生涯规划课程，提供个人发展规划指导，帮助学生了解行业趋势和就业前景。

（2）拓宽实习和就业机会。学校可以与企业建立紧密的合作关系，提供更多的实习和就业机会，通过校企合作项目，让学生接触实际工作环境，提升他们的职业素养和实践能力。

（3）建立职业发展中心。学校可以设立专门的职业发展中心，提供职业咨询、就业信息和技能培训等服务。职业发展中心可以与校外资源合作，为学生提供更多的就业资源和机会。

（4）加强校友网络建设。学校可以建立校友网络，通过校友资源和校友分享会等形式，帮助学生了解各行业的就业情况和发展路径，帮助学生获得校友的职业指导和支持。

（5）定期举办职业拓展活动。学校可以定期组织职业拓展活动，如就业洽谈会、行业论坛等，为学生提供与行业内人士交流的机会，拓宽就业视野。

3. 学生需要提高的方面

（1）自我认知和探索。学生可以通过深入了解自己的兴趣、技能和价值观，明确自己的职业目标和追求的方向。

（2）寻求专业的指导。学生可以寻找职业规划专家、招聘公司或校园就业指导中心来获取专业的职业规划建议和指导，以更好地制订职业规划。

（3）积极获取信息。学生应该主动获取职业市场的信息，了解不同行业的发展前景、职业需求和薪资待遇等，以便做出明智的职业选择。

（4）实践经验的积累。学生应该积极参与实习工作、兼职、社团活动等，亲身体验不同行业和岗位的工作内容，积累实践经验并拓宽自己的视野。

（5）实事求是的规划。学生应该理性规划自己的职业发展道路，根据自身条件和就业市场的实际情况，制订切实可行的目标和计划，并为之付出努力和时间。

8.2 聚类分析案例

本节对我国各地区经济社会发展多项指标进行聚类分析，选取地区生产总值（亿元）、社会消费品零售总额（亿元）、全体居民人均可支配收入（元）、农林牧渔业总产值（亿元）、水产品产量（万 t）、民用汽车拥有量（万辆）、年末常住人口（万人）这 7 项指标，对我国 31 个省、自治区、直辖市（未包含我国台湾地区、香港特别行政区、澳门特别行政区）的经济社会发展状况进行分析，结果如表 8-2 所示。表 8-2 中各项指标值均为 2022 年的数据，数据来自国家统计局官网。

表8-2 聚类分析数据列表

地 区	地区生产总值/亿元	社会消费品零售总额/亿元	全体居民人均可支配收入/元	农林牧渔业总产值/亿元	水产品产量/万t	民用汽车拥有量/万辆	年末常住人口/万人
北京市	41 610.9	13 794.2	77 415	268.18	22.06	627.89	2 184
天津市	16 311.3	3 572	48 976	521.44	28.12	369.28	1 363
河北省	42 370.4	13 720.1	30 867	7 667.41	112.44	2 925.04	7 420
山西省	25 642.6	7 562.7	29 178	2 211.59	5.31	669.69	3 481
内蒙古自治区	23 158.5	4 971.4	35 921	4 316.76	10.87	701.78	2 401
辽宁省	28 975.1	9 526.2	36 089	5 180.03	489.23	1 049.33	4 197
吉林省	13 070.2	3 807.7	27 975	3 217.91	25.12	542.93	2 348
黑龙江省	15 901	5 210	28 346	6 718.24	73.5	627.61	3 099
上海市	44 652.8	16 442.1	79 610	273.53	25.47	504.23	2 475
江苏省	122 875.6	42 752.1	49 862	8 733.8	504.86	2 803.95	8 515
浙江省	77 715.4	30 467.2	60 302	3 752.31	621.72	2 048.69	6 577
安徽省	45 045	21 518.4	32 745	6 277.98	245.5	1 127.53	6 127
福建省	53 109.9	21 050.1	45 218	5 502.56	861.39	823.43	4 188
江西省	32 074.7	12 853.5	32 419	4 223.81	283.24	756.51	4 528
山东省	67 435.1	33 236.2	37 560	12 130.71	661.27	2 899.99	10 163
河南省	61 345.1	24 407.4	28 222	10 952.24	94.25	1 980.45	9 872
湖北省	55 754.9	22 164.8	32 914	8 939.33	500.42	1 072.39	5 844
湖南省	48 670.4	19 050.7	34 036	8 160.13	272.59	1 103.65	6 604
广东省	129 118.6	44 882.9	47 065	8 892.29	894.03	2 096.89	12 657
广西壮族自治区	26 300.9	8 539.1	27 981	6 938.53	365.67	390.79	5 047
海南省	6 818.2	2 268.4	80 951	2 272.04	170.31	182.27	1 027
重庆市	29 129	13 926.1	35 666	3 068.45	56.63	575.6	3 213

续　表

地　区	地区生产总值 / 亿元	社会消费品零售总额 / 亿元	全体居民人均可支配收入 / 元	农林牧渔业总产值 / 亿元	水产品产量 / 万 t	民用汽车拥有量 / 万辆	年末常住人口 / 万人
四川省	56 749.8	24 104.6	30 679	9 859.75	172.15	1 460.59	8 374
贵州省	20 164.5	8 507.1	25 508	4 908.67	26.84	659.76	3 856
云南省	28 954.2	10 838.8	26 937	6 635.8	67.88	909.74	4 698
西藏自治区	2 132.6	726.5	26 675	278.62	0.01	71.52	364
陕西省	32 772.7	10 401.6	30 116	4 601.93	17.35	346.29	3 956
甘肃省	11 201.6	3 922.2	23 276	2 680.74	1.44	428.37	2 492
青海省	3 610.1	842.1	27 000	566.21	1.89	144.16	595
宁夏回族自治区	5 069.6	1 338.4	29 599	845.92	17.04	196.78	728
新疆维吾尔自治区	17 741.3	3 240.5	27 063	5 469.04	17.3	553.25	2 587

　　使用 SPSS 中文版软件进行聚类分析，打开相关数据文件，在"分析 - 分类"中选择"系统聚类"，在弹出的"系统聚类分析"对话框中将"地区"设置为"标注个案"，其余量设置为"变量"，在"分群"一栏选择"个案"，即按"个案"（省、自治区、直辖市）进行分类。注意上述对话框中各分项选择完毕后，要点击"继续"按钮；所有选项都选择完成后，要在"系统聚类分析"对话框中点击"确定"按钮，下同。

　　在"系统聚类分析"对话框"统计量"选项里选择"合并进程表"，得到反映聚类过程的凝聚过程表（聚类表），如表 8-3 所示。表 8-3 中各列数据的含义如下："阶"表示聚类步骤；"群集组合"中的"群集 1""群集 2"表示该步被合并的两类中的样品号或类号，合并结果取小的序号；"系数"表示距离测度值；"首次出现阶群集"中的非零数值表示合并两项前一次出现的聚类步序号，而 0 表示第一次出现；"下一阶"表示此步合并结果在下一步合并时的步序号。

例如，在第 1 步（阶 1）中，样品 26 和样品 29 合并成一类；系数为 2 443 343.722；合并两项都是第一次出现，所以"首次出现阶群集"栏都取 0 值；合并结果取小的序号，即归为第 26 类，该步合并结果在第 11 步（阶 11）再次出现。在第 11 步（阶 11），样品 21 和第 26 类合并成一类，系数为 26 370 855.71；样品 21 首次出现是在第 2 步，所以"首次出现阶群集"栏取 2 值，第 26 类是第 1 步形成的，所以"首次出现阶群集"栏取 1 值；合并结果取小的序号，即归为第 21 类，该步合并结果在第 21 步（下一阶）再次出现。

表8-3 聚类表

阶	群集组合		系　　数	首次出现阶群集		下一阶
	群集 1	群集 2		群集 1	群集 2	
1	26	29	2 443 343.722	0	0	11
2	21	30	7 913 587.447	0	0	11
3	8	31	10 743 055.83	0	0	10
4	14	27	12 351 743.28	0	0	13
5	20	25	1 3724 55641	0	0	12
6	1	9	21 182 568.06	0	0	29
7	12	18	24 671 071.19	0	0	18
8	17	23	25 354 981.85	0	0	16
9	6	22	25 400 323.18	0	0	13
10	7	8	25 520 423 67	0	3	14

阶	群集组合		系　数	首次出现阶群集		下一阶
	群集 1	群集 2		群集 1	群集 2	
11	21	26	26 370 855.71	2	1	21
12	4	20	37 757 925.52	0	5	15
13	6	14	42 454 700.35	9	4	19
14	7	28	52 508 464.88	10	0	21
15	4	24	63 263 418.11	12	0	19
16	15	17	68 607 588.09	0	8	23
17	10	19	69 021 695.97	0	0	28
18	3	12	77 753 379.92	0	7	22
19	4	6	1.073E8	15	13	20
20	4	5	1.186E8	19	0	24
21	7	21	1.500E8	14	11	24
22	3	13	2.111E8	18	0	23
23	3	16	2.248E8	22	16	27
24	4	7	4.767E8	20	21	25
25	2	4	5.482E8	0	24	27
26	11	15	7.032E8	0	0	28
27	2	3	1.560E9	25	23	29
28	10	11	2.228E9	17	26	30
29	1	2	2.911E9	6	27	30
30	1	10	7.778E9	29	28	0

在"系统聚类分析"对话框"绘制 - 冰柱"一栏中选择"所有聚类",

"方向"一栏选择"垂直",可得垂直方向的冰柱图,如图 8-4 所示。这个图是从下往上倒着看的,如在分成 30 类时,样品 26(西藏自治区)和样品 29(青海省)首先聚成一类;当分成 29 类时,样品 21(海南省)和样品 30(宁夏回族自治区)聚成一类;下一步当分成 28 类时,样品 14(江西省)和样品 27(陕西省)聚成一类。

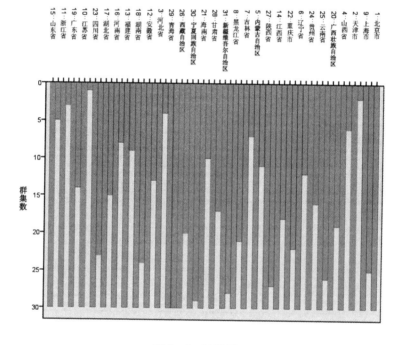

图 8-4　冰柱图

在"系统聚类分析"对话框"绘制"一栏中选择"树状图",得到如图 8-5 所示树状图。树状图看起来更直观,也更粗略一些。例如,在较小的距离下,样品 26、29、21、30、8、31、7、28 先后聚成一类;样品 14、27、6、22、20、25、4、24、5 先后聚成一类;在较大一些的距离下,上述两大类与样品 2 又聚成一类。又如,在较小的距离下,样品17、23、16、12、18、3、13 聚成一类,样品 1 和样品 9 聚成一类;样品 10 和样品 19 聚成一类;样品 11 和 15 在较大的距离上聚成一类。

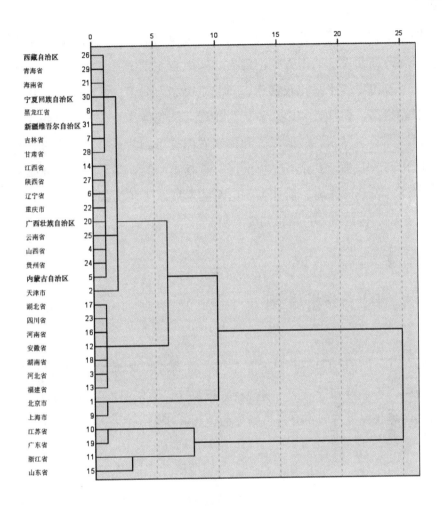

图 8-5　树状图

从分析结果来看，基于本案例所选取的地区生产总值、社会消费品零售总额、全体居民人均可支配收入、农林牧渔业总产值、水产品产量、民用汽车拥有量和年末常住人口这 7 项观测指标，西藏自治区、青海省、海南省、宁夏回族自治区、黑龙江省、新疆维吾尔自治区、吉林省和甘肃省具有相近的发展水平，可以归为一类；江西省、陕西省、辽宁省、重庆市、广西壮族自治区、云南省、山西省、贵州省和内蒙古自治区发展水平相近，可以归为一类；天津市可以跟上述两类归为同一个大类。同时，湖北省、四川省、河南省、安徽省、湖南省、河北省、福建省这几个省份发展水平比较相近，而北京市和上海市、江苏省和广东省的相似性很强，浙江省和山东省更为接近。从整体来看，如果只分成三类，则江苏省、广东省、浙江省和山东省四省可归为一类，北京市、上海市两市归为一类，其余省、自治区、直辖市归为一类。如果只分成两类，则江苏省、广东省、浙江省、山东省发展水平较为接近，可归为一类，其余省、自治区、直辖市归为一类。

8.3 因子分析案例

利用 2021 年的数据对我国 31 个省、自治区、直辖市（未包含我国台湾地区、香港特别行政区、澳门特别行政区，数据源于中国统计年鉴）的经济发展状况进行因子分析，结果如表 8-4 所示。

表8-4 因子分析

地区	地区生产总值/亿元	全体居民人均消费支出/元	全体居民人均可支配收入/元	基础设施固定资产投资（不含农户）比上年增长/%	年末常住人口/万人	居民消费价格指数（上年=100）	商品零售价格指数（上年=100）	货物周转量/(10^8 t·km)	快递量/万件	民用汽车拥有量/万辆	规模以上工业企业R&D经费/万元	医疗卫生机构数/个
北京市	41 045.6	43 640	75 002	-6.2	2 189	101.1	101.7	1 077.31	221 030	616.68	3 135 144	10 699
天津市	15 685.1	38 188	47 449	4.4	1 373	101.3	101.5	2 677.56	123 390	360.09	2 512 535	6 076
河北省	40 397.1	19 954	29 383	-7.8	7 448	101	101.9	14 769.5	506 015	1 843.35	5 703 924	88 162
山西省	22 870.4	17 191	27 426	8.2	3 480	101	102.7	6 444.67	78 131.42	820.09	1 852 448	41 007
内蒙古自治区	21 166	22 658	34 108	-4.2	2 400	100.9	103.8	4 933.82	26 085.97	661.9	1 547 714	24 948
辽宁省	27 569.5	23 831	35 112	9.8	4 229	101.1	101.9	4 524.65	164 328.1	1 001.01	3 672 792	33 051
吉林省	13 163.8	19 605	27 770	3.4	2 375	100.6	101.8	2 068.58	62 197.81	515.52	858 433	25 344
黑龙江省	14 858.2	20 636	27 159	10.3	3 125	100.6	101.6	1 744.82	80 491	592.32	887 690	20 578
上海市	43 653.2	48 879	78 027	-0.6	2 489	101.2	101.3	34 074.6	374 137.9	465.5	6 983 293	6 308
江苏省	117 392.4	31 451	47 498	2.3	8 505	101.6	102.3	11 788.6	860 653.7	2 176.49	27 186 319	36 448
浙江省	74 040.8	36 668	57 541	1.3	6 540	101.5	102.2	12 937.51	2 278 148	1 923.62	15 816 604	35 120

续 表

地区	地区生产总值/亿元	全体居民人均消费支出/元	全体居民人均可支配收入/元	基础设施固定资产投资(不含农户)比上年增长/%	年末常住人口/万人	居民消费价格指数(上年=100)	商品零售价格指数(上年=100)	货物周转量/(10^8·km)	快递量/万件	民用汽车拥有量/万辆	规模以上工业企业R&D经费/万元	医疗卫生机构数/个
安徽省	42 565.2	21 911	30 904	7.4	6 113	100.9	101.6	11 068.04	312 664.8	1 062.67	7 391 200	29 554
福建省	49 566.1	28 440	40 659	4	4 187	100.7	101.1	10 159.13	415 012.3	780.97	3 716 534	28 693
江西省	29 827.8	20 290	30 610	2.5	4 517	100.9	101.2	4 884.72	160 091.5	712.69	3 078 466	36 764
山东省	82 875.2	22 821	35 705	−6	10 170	101.2	101.4	12 049.7	559 785.8	2 740.07	16 623 102	85 715
河南省	58 071.4	18 391	26 811	0.3	9 883	100.9	101.5	10 674.57	435 552.7	1 884.31	9 640 139	78 536
湖北省	50 091.2	23 846	30 829	9.9	5 830	100.3	101.2	6 742.91	269 341.6	1 006.35	7 035 941	36 529
湖南省	45 713.5	22 798	31 993	3.6	6 622	100.5	101.6	2 897.7	197 803.1	1 031.62	7 601 143	55 677
广东省	124 719.5	31 589	44 993	−7	12 684	100.8	101.4	28 031.52	2 945 749	2 702.17	29 021 849	57 964
广西壮族自治区	25 209.1	18 088	26 727	15.6	5 037	100.9	101.1	4 882.04	102 758.6	831.12	1 370 239	34 112
海南省	6 504.1	22 242	30 457	7.6	1 020	100.3	101.3	8 771.75	14 503.86	168.72	141 545	6 277
重庆市	28 077.3	24 598	33 803	8.5	3 212	100.3	101.4	3 846.48	97 935.99	544.5	4 245 267	21 361

续 表

地 区	地区生产总值/亿元	全体居民人均消费支出/元	全体居民人均可支配收入/元	基础设施固定资产投资（不含农户）比上年增长/%	年末常住人口/万人	居民消费价格指数（上年=100）	商品零售价格指数（上年=100）	货物周转量/(10⁸t·km)	快递量/万件	民用汽车拥有量/万辆	规模以上工业企业R&D经费/万元	医疗卫生机构数/个
四川省	54 088	21 518	29 080	0.5	8 372	100.3	101.4	3 078.89	278 269.8	1 382.13	4 802 710	80 249
贵州省	19 458.6	17 957	23 996	−20.6	3 852	100.1	101.2	1 435.9	39 787.06	621.49	1 210 567	29 292
云南省	27 161.6	18 851	25 666	7.5	4 690	100.2	101.4	1 868.28	84 190.54	860.83	1 764 356	26 885
西藏自治区	2 080.2	15 843	24 950	−18.5	366	100.9	101.5	150.15	1 435.17	67.34	24 782	6 907
陕西省	30 121.7	19 347	28 568	−11.3	3 954	101.5	101.6	3 945.05	111 806.6	797.06	3 196 367	34 971
甘肃省	10 225.5	17 456	22 066	4.2	2 490	100.3	102	2 887.31	18 457.83	406.35	542 948	25 759
青海省	3 385.1	19 020	25 920	3.3	594	101.3	101.5	591.59	3 686.81	138.45	138 488	6 408
宁夏回族自治区	4 588.2	20 024	27 905	−2.8	725	101.4	102	812.21	9 962.97	184.96	517 577	4 571
新疆维吾尔自治区	16 311.6	18 961	26 075	16.2	2 589	101.2	102	2 000.07	16 185.77	518.22	541 819	16 970

利用 SPSS 软件进行因子分析，所得描述性统计量如表 8-5 所示。

表8-5 描述统计量

变 量	均 值	标准差	样本数目
地区生产总值	36 854.290	30 070.249 3	31
人均消费支出	23 909.42	7 837.543	31
人均可支配收入	34 973.935 5	13 652.861 59	31
固定资产投资增长	1.477	8.665 9	31
年末常住人口	4 550.32	3 060.914	31
居民消费价格指数	100.884	0.412 4	31
商品零售价格指数	101.681	0.541 9	31
货物周转量	7 026.439 7	7 670.183 17	31
快递量	349 343.268 1	641 777.043 0	31
民用汽车拥有量	948.986 8	712.694 90	31
规模以上工业企业研发经费	5 649 756.90	7 224 153.186	31
医疗卫生机构数	33 255.97	23 821.949	31

相关系数矩阵以及逆矩阵分别如表 8-6 和表 8-7 所示。

表8-6　相关矩阵

	变量	地区生产总值	人均消费支出	人均可支配收入	固定资产投资增长	年末常住人口	居民消费价格指数	商品零售价格指数	货物周转量	快递量	民用汽车拥有量	规模以上工业企业研发经费	医疗卫生机构数
相关	地区生产总值	1.000	0.438	0.414	-0.121	0.868	0.186	-0.036	0.627	0.785	0.898	0.968	0.564
	人均消费支出	0.438	1.000	0.985	-0.052	0.073	0.309	-0.039	0.585	0.429	0.169	0.428	-0.198
	人均可支配收入	0.414	0.985	1.000	-0.112	0.051	0.366	0.007	0.557	0.397	0.167	0.394	-0.186
	固定资产投资增长	-0.121	-0.052	-0.112	1.000	-0.081	-0.081	-0.015	-0.101	-0.166	-0.143	-0.135	-0.147
	年末常住人口	0.868	0.073	0.051	-0.081	1.000	-0.032	-0.126	0.494	0.654	0.948	0.784	0.852
	居民消费价格指数	0.186	0.309	0.366	-0.081	-0.032	1.000	0.355	0.192	0.215	0.170	0.264	-0.104
	商品零售价格指数	-0.036	-0.309	0.007	-0.015	-0.126	0.355	1.000	-0.095	0.008	0.026	0.001	-0.040

续 表

变量		地区生产总值	人均消费支出	人均可支配收入	固定资产投资增长	年末常住人口	居民消费价格指数	商品零售价格指数	货物周转量	快递量	民用汽车拥有量	规模以上工业企业研发经费	医疗卫生机构数
相关	货物周转量	0.627	0.585	0.557	-0.101	0.494	0.192	-0.095	1.000	0.632	0.522	0.639	0.257
	快递量	0.785	0.429	0.397	-0.166	0.654	0.215	0.008	0.632	1.000	0.719	0.831	0.328
	民用汽车拥有量	0.898	0.169	0.167	-0.143	0.948	0.170	0.026	0.522	0.719	1.000	0.845	0.800
	规模以上工业企业研发经费	0.968	0.428	0.394	-0.135	0.784	0.264	0.001	0.639	0.831	0.845	1.000	0.435
	医疗卫生机构数	0.564	-0.198	-0.185	-0.147	0.852	-0.104	-0.040	0.257	0.328	0.800	0.435	1.000

表8-7 相关矩阵的逆矩阵

变量	地区生产总值	人均消费支出	人均可支配收入	固定资产投资增长	年末常住人口	居民消费价格指数	商品零售价格指数	货物周转量	快递量	民用汽车拥有量	规模以上工业企业研发经费	医疗卫生机构数
地区生产总值	106.139	14.365	-35.484	-1.005	-48.999	3.575	-2.408	6.767	8.451	9.206	-76.542	-0.270
人均消费支出	14.365	68.871	-68.676	-4.268	-4.930	4.039	1.101	-0.705	-1.550	11.595	-20.965	-2.684
人均可支配收入	-35.484	-68.676	74.886	4.382	15.988	-4.783	-0.378	-1.742	-0.224	-14.255	35.391	3.387
固定资产投资增长	-1.005	-4.268	4.382	1.484	-1.683	-0.340	-0.227	-0.050	0.482	-0.739	2.231	1.623
年末常住人口	-48.999	-4.930	15.988	-1.683	53.577	1.438	3.713	-3.717	-5.373	-15.521	25.833	-12.103
居民消费价格指数	3.575	4.039	-4.783	-0.340	1.438	2.109	-0.214	0.055	0.332	-1.719	-3.769	-0.279
商品零售价格指数	-2.408	1.101	-0.378	-0.227	3.713	-0.214	1.498	-0.059	-0.421	-1.424	1.074	-0.830

续　表

变量	地区生产总值	人均消费支出	人均可支配收入	固定资产投资增长	年末常住人口	居民消费价格指数	商品零售价格指数	货物周转量	快递量	民用汽车拥有量	规模以上工业企业研发经费	医疗卫生机构数
货物周转量	6.767	-0.705	-1.742	-0.050	-3.717	0.055	-0.059	2.842	-0.124	1.708	-5.482	-0.786
快递量	8.451	-1.550	-0.224	0.482	-5.373	0.332	-0.421	-0.124	4.732	-2.211	-6.335	2.562
民用汽车拥有量	9.206	11.595	-14.255	-0.739	-15.521	-1.719	-1.424	1.708	-2.211	29.757	-16.143	-9.167
规模以上工业企业研发经费	-76.542	-20.965	35.391	2.231	25.833	-3.769	1.074	-5.482	-6.335	-16.143	69.272	9.811
医疗卫生机构数	-0.270	-2.684	3.387	1.623	-12.103	-0.279	-0.830	-0.786	2.562	-9.167	9.811	14.177

KMO 检验和 Bartlett 检验结果如表 8-8 所示，Bartlett 检验概率值 sig. 等于 0.000，表明所选一系列中国经济发展状况的数据来自正态总体。KMO 值反映变量的简单相关系数与偏相关系数的相对大小，取值在 0 到 1 之间，越大越好。若 KMO 值过小，说明变量对之间的相关系数不能被其他变量解释，不适合进行因子分析。本例中 KMO 的值为 0.692，说明适合进行因子分析。

表8-8　KMO和Bartlett的检验

取样适宜度的 Kaiser-Meyer-Olkin 度量		0.692
Bartlett 的球形度检验	近似卡方	464.262
	df	66
	sig.	0.000

公因子方差如表 8-9 所示。"初始"表示初始公因子方差，为因子提取前各个变量的全部公共因子的载荷系数平方和，公共因子数等于变量数，故初始方差均为 1。"提取"表示提取出的公因子方差。

表8-9　公因子方差

变　量	初　始	提　取
地区生产总值	1.000	0.936
人均消费支出	1.000	0.935
人均可支配收入	1.000	0.912
固定资产投资增长	1.000	0.060
年末常住人口	1.000	0.972
居民消费价格指数	1.000	0.683
商品零售价格指数	1.000	0.763
货物周转量	1.000	0.678

变　量	初　始	提　取
快递量	1.000	0.732
民用汽车拥有量	1.000	0.965
规模以上工业企业研发经费	1.000	0.885
医疗卫生机构数	1.000	0.815

注：提取方法为主成分分析法。

碎石图如图 8-6 所示，横轴为特征值序号，纵轴为对应的特征值。从图 8-6 中可以看出，因子 1、2 之间以及因子 2、3 之间折线较为陡峭，之后的因子之间的折线逐步趋于平缓。根据碎石图的陡缓程度可知，提取 3 个公因子是比较合理的。解释的总方差可以达到原始方差的 77.798%，如表 8-10 所示。

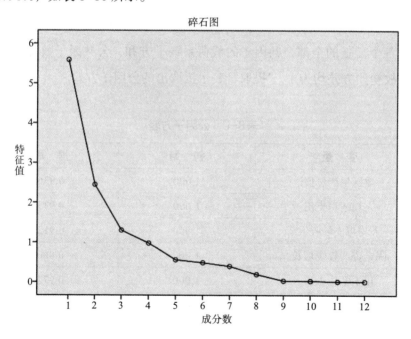

图 8-6　碎石图

表8-10　解释的总方差

成　分	初始特征值			提取平方和载入		
	合计	方差的 %	累积 %	合计	方差的 %	累积 %
1	5.588	46.570	46.570	5.588	46.570	46.570
2	2.446	20.385	66.956	2.446	20.385	66.956
3	1.301	10.842	77.798	1.301	10.842	77.798
4	0.977	8.145	85.943			
5	0.554	4.619	90.562			
6	0.483	4.022	94.585			
7	0.393	3.275	97.859			
8	0.190	1.583	99.442			
9	0.030	0.249	99.691			
10	0.024	0.196	99.887			
11	0.009	0.076	99.964			
12	0.004	0.036	100.000			

注：提取方法为主成分分析法。

　　成分图是旋转后的三维因子载荷散点图，分别将成分 1、成分 2、成分 3 作为 X 轴、Y 轴、Z 轴，从中可以看出旋转后各变量的集中程度，如图 8-7 所示。成分得分系数矩阵如表 8-11 所示。

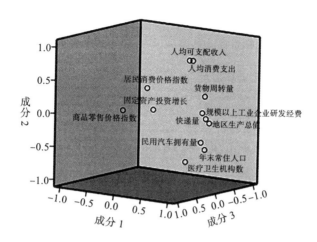

图8-7 成分图

表8-11 成分得分系数矩阵

变 量	成 分		
	1	2	3
地区生产总值	0.173	−0.027	−0.009
人均消费支出	0.088	0.327	−0.167
人均可支配收入	0.086	0.331	−0.113
固定资产投资增长	−0.033	−0.005	−0.124
年末常住人口	0.153	−0.198	−0.039
居民消费价格指数	0.045	0.193	0.484
商品零售价格指数	−0.005	0.056	0.663
货物周转量	0.134	0.117	−0.152
快递量	0.152	0.032	−0.013
民用汽车拥有量	0.163	−0.141	0.099

变　量	成　分		
	1	2	3
规模以上工业企业研发经费	0.168	0.002	0.036
医疗卫生机构数	0.105	−0.278	0.056

注：提取方法为主成分分析法。

成分得分系数矩阵就是因子得分系数矩阵，根据该矩阵以及变量的观测值可以计算因子得分如下：

$$f_1 = 0.173X_1 + 0.089X_2 + 0.086X_3 - 0.033X_4 + 0.153X_5 + 0.045X_6 - 0.005X_7 + 0.134X_8 + 0.152X_9 + 0.163X_{10} + 0.168X_{11} + 0.105X_{12}$$

其中，各变量 X_1 至 X_{12} 按顺序依次表示表 8-11 中的各个变量，且为经过标准化后均值为 0、标准差为 1 的变量。

8.4　相关与回归分析案例

8.4.1　相关分析案例

以"我国能源消费需求状况的相关分析"为例，介绍如何进行相关分析。选取经济发展规模、人口数量、城市化率、产业结构及技术进步（表现为能源利用效率的提高）这五个变量建立模型，对能源消费需求状况进行分析（选题背景及意义、变量选择过程略）。

数据均来自中国统计年鉴。能源消费量用 Y（单位：万 t 标准煤）

表示；经济发展规模采用国内生产总值表示，记作 X_1（单位：亿元）；人口数量用年末总人口表示，记作 X_2（单位：万人）；城市化率用城市人口量除以总人口量表示，记作 X_3（单位：%）；产业结构使用第二产业占国民经济的比重表示，记作 X_4（单位：%），第二产业是我国重要的经济部门，而第二产业占 GDP 的比重为 40% 左右，这一比重的变化反映了我国产业布局的变化，同时反映了对能源需求的变化；能源利用效率一般采取能源生产率来度量，用 X_5 表示。能源生产率是国内生产总值同能源消耗量之比，即单位能源消耗的产值，该值可由国内生产总值（单位：千元）除以能源消费量（单位：t 标准煤）获得。建模原始数据如表8-12 所示。

表8-12 能源需求分析建模数据列表

年 份	能源消费总量 / 万 t 标准煤	国内生产总值 / 亿元	年末总人口 / 万人	城镇人口比例 /%	第二产业比重 /%	利用效率 / 千元每 t 标准煤
2000	146 964	100 280.1	126 743	36.2	45.5	6.823 446 558
2001	155 547	110 863.1	127 627	37.7	44.8	7.127 305 573
2002	169 577	121 717.4	128 453	39.1	44.5	7.177 706 882
2003	197 083	137 422	129 227	40.5	45.6	6.972 798 263
2004	230 281	161 840.2	129 988	41.8	45.9	7.027 944 12
2005	261 369	187 318.9	130 756	43.0	47.0	7.166 836 924
2006	286 467	219 438.5	131 448	44.3	47.6	7.660 166 791
2007	311 442	270 092.3	132 129	45.9	46.9	8.672 314 588
2008	320 611	319 244.6	132 802	47.0	47.0	9.957 381 375
2009	336 126	348 517.7	133 450	48.3	46.0	10.368 662 35
2010	360 648	412 119.3	134 091	49.9	46.5	11.427 189 39

续　表

年　份	能源消费总量 / 万 t 标准煤	国内生产总值 / 亿元	年末总人口 / 万人	城镇人口比例 /%	第二产业比重 /%	利用效率 / 千元每 t 标准煤
2011	387 043	487 940.2	134 916	51.8	46.5	12.606 873 14
2012	402 138	538 580	135 922	53.1	45.4	13.392 914 87
2013	416 913	592 963.2	136 726	54.5	44.2	14.222 708 33
2014	428 334	643 563.1	137 646	55.8	43.1	15.024 796 07
2015	434 113	688 858.2	138 326	57.3	40.8	15.868 177 18
2016	441 492	746 395.1	139 232	58.8	39.6	16.906 197 62
2017	455 827	832 035.9	140 011	60.2	39.9	18.253 326 37
2018	471 925	919 281.1	140 541	61.5	39.7	19.479 389 73
2019	487 488	986 515.2	141 008	62.7	38.6	20.236 707 37
2020	498 314	1 013 567	141 212	63.9	37.8	20.339 926 23
2021	524 000	1 149 237	141 260	64.7	39.3	21.932 003 82
2022	541 000	1 210 207.2	141 175	65.2	39.9	22.369 818 85

使用 SPSS 软件，计算变量之间的 Pearson 相关系数，所得结果如表 8-13 所示。

表8-13　相关系数表

变　量		y	X_1	X_2	X_3	X_4	X_5
y	Pearson 相关性 显著性（双侧） N	1 23	0.952** 0.000 23	0.987** 0.000 23	0.988** 0.000 23	−0.732** 0.000 23	0.949** 0.000 23

变　量		y	X_1	X_2	X_3	X_4	X_5
X_1	Pearson 相关性 显著性（双侧） N	0.952** 0.000 23	1 23	0.968** 0.000 23	0.980** 0.000 23	0.872** 0.000 23	0.997** 0.000 23
X_2	Pearson 相关性 显著性（双侧） N	0.987** 0.000 23	0.968** 0.000 23	1 23	0.988** 0.000 23	0.821** 0.000 23	0.972** 0.000 23
X_3	Pearson 相关性 显著性（双侧） N	0.988** 0.000 23	0.980** 0.000 23	0.988** 0.000 23	1 23	0.825** 0.000 23	0.981** 0.000 23
X_4	Pearson 相关性 显著性（双侧） N	−0.732** 0.000 23	0.872** 0.000 23	0.821** 0.000 23	0.825** 0.000 23	1 23	0.888** 0.000 23
X_5	Pearson 相关性 显著性（双侧） N	0.949** 0.000 23	0.997** 0.000 23	0.972** 0.000 23	0.981** 0.000 23	0.888** 0.000 23	1 23

注：** 表示在 0.01 水平（双侧）上显著相关。

从表 8-13 中可以看出，变量之间均存在显著的相关关系，其中第二产业占国民经济的比重，即变量 X_4(单位：%) 与其他变量相关系数为负数，具有显著的负相关关系。除 X_4 外，其余变量之间均具有显著的正相关关系，而且相关系数都很大，均在 0.94 以上。其中，X_1 与 X_5 的相关系数最大，为 0.997；其次是 X_2 与 X_3 的相关系数，为 0.988。

分别以变量 X_1、X_4、X_5 和变量 Y 为控制变量，计算 X_2 与 X_3 的偏相关系数，结果如图 8-8 所示。

相关性			X_2	X_3
控制变量				
X_1	X_2	相关性	1.000	0.983
		显著性（双侧）		0.000
		df	0	20
	X_3	相关性	0.983	1.000
		显著性（双侧）	0.000	
		df	20	0

相关性			X_2	X_3
控制变量				
X_4	X_2	相关性	1.000	0.993
		显著性（双侧）		0.000
		df	0	20
	X_3	相关性	0.993	1.000
		显著性（双侧）	0.000	
		df	20	0

相关性			X_2	X_3
控制变量				
X_5	X_2	相关性	1.000	0.969
		显著性（双侧）		0.000
		df	0	20
	X_3	相关性	0.969	1.000
		显著性（双侧）	0.000	
		df	20	0

相关性			X_2	X_3
控制变量				
y	X_2	相关性	1.000	0.904
		显著性（双侧）		0.000
		df	0	20
	X_3	相关性	0.904	1.000
		显著性（双侧）	0.000	
		df	20	0

图 8-8 X_2 与 X_3 的偏相关系数

8.4.2 多元线性回归分析案例

利用表 8-12 中的数据进行多元线性回归分析，采用普通最小二乘法（ordinary least squares, OLS），使用 EViews 软件进行拟合，建立多元线性回归模型，在 EViews 软件主窗口命令栏输入：

LS Y C X_1 X_2 X_3 X_4 X_5

第一次回归结果如表 8-14 所示。

表8-14 第一次回归结果

因变量：Y
方法：最小二乘法
日期：05/13/23 时间：22:52
样本：2000 2022

续　表

包含的有效观测值：23				
变量	系数	标准差	t 统计量	P 值
C	−1 029 205.	808 477.3	−1.273 016	0.220 1
X_1	0.025 592	0.064 561	0.396 405	0.696 7
X_2	1.705 505	7.607 437	0.224 189	0.825 3
X_3	15 028.30	5 140.836	2.923 319	0.009 5
X_4	9 223.626	1 165.657	7.912 812	0.000 0
X_5	−2 309.903	3 582.641	−0.644 749	0.527 7
R^2	0.998 341	均值相关		359 334.9
调整后 R^2	0.997 853	因变量的标准差		121 677.7
回归标准误差	5 637.436	赤池信息量		20.331 70
残差平方和	5.40E+08	施瓦兹信息量		20.627 92
L 对数似然函数	−227.8146	汉南 - 奎因信息量		20.406 20
F 统计量	2 046.400	杜宾 - 瓦特森统计量		1.152 959
$P(F$ 统计量 $)$	0.000 000			

在 5% 的显著性水平之下，X_1、X_2、X_5 都不显著，X_2 的概率值最大，$P=0.825\ 3$，最不显著，首先考虑去掉 X_2 后重新回归。第二次回归结果如表 8-15 所示。

表8-15　第二次回归结果

因变量：Y
方法：最小二乘法

日期：05/16/23　时间：22:30			
样本：2000 2022			
包含的有效观测值：23			
变量	系数	标准差	t 统计量	P 值
C	–848 297.0	48 470.58	–17.501 27	0.000 0
X_1	0.014 902	0.042 359	0.351 796	0.729 1
X_3	16 167.34	763.012 9	21.188 82	0.000 0
X_4	9 084.375	960.009 7	9.462 795	0.000 0
X_5	–2 122.466	3 390.569	–0.625 991	0.539 2
R^2	0.998 336	均值相关		359 334.9
调整后 R^2	0.997 967	因变量的标准差		121 677.7
回归标准误差	5 486.696	赤池信息量		20.247 70
残差平方和	5.42E+08	施瓦兹信息量		20.494 55
L 对数似然函数	–227.848 6	汉南 - 奎因信息量		20.309 78
F 统计量	2 700.473	杜宾 - 瓦特森统计量		1.132 034
$P(F\text{-}$ 统计量)	0.000 000			

由概率值 P 可知，X_1、X_5 仍然不显著，其中 X_1 概率值最大，$P=0.729\,1$，最不显著，去掉 X_1 后重新回归。第三次回归结果如表 8-16 所示。

表8-16　第三次回归结果

因变量：Y
方法：最小二乘法

日期：05/16/23　时间：22:35				
样本：2000 2022				
包含的有效观测值：23				
变量	系数	标准差	t 统计量	P 值
C	−858 204.0	38 530.08	−22.273 61	0.000 0
X_3	16 156.66	744.621 0	21.697 84	0.000 0
X_4	9 190.247	890.349 8	10.322 06	0.000 0
X_5	−1 072.105	1 569.212	−0.683 212	0.502 7
R^2	0.998 325	均值相关		359 334.9
调整后 R^2	0.998 060	因变量的标准差		121 677.7
回归标准误差	5 358.685	赤池信息量		20.167 60
残差平方和	5.46E+08	施瓦兹信息量		20.365 07
L 对数似然函数	−227.927 4	汉南 - 奎因信息量		20.217 26
F 统计量	3 774.670	杜宾 - 瓦特森统计量		1.167 817
$P(F$ 统计量)	0.000 000			

X_5 概率为 0.502 7，仍然不显著，去掉 X_5 后重新回归，得到的第四次回归结果如表 8–17 所示。

表8–17　第四次回归结果

因变量：Y
方法：最小二乘法

续　表

日期：05/16/23　时间：22:39				
样本：2000 2022				
包含的有效观测值：23				
变量	系数	标准差	t 统计量	P 值
C	−866 273.5	36 182.89	−23.941 52	0.000 0
X_3	15 669.91	213.608 2	73.358 20	0.000 0
X_4	9 628.135	609.717 1	15.791 15	0.000 0
R^2	0.998 284	均值相关		359 334.9
调整后 R^2	0.998 112	因变量的标准差		121 677.7
回归标准误差	5 286.768	赤池信息量		20.104 91
残差平方和	5.59E+08	施瓦兹信息量		20.253 02
L 对数似然函数	−228.206 5	汉南 - 奎因信息量		20.142 16
F 统计量	5 816.855	杜宾 - 瓦特森统计量		1.220 457
$P(F$ 统计量)	0.000 000			

在回归结果窗口中点击 "View-Representations"，可得对应方程式：

$$Y = -866\ 273.540\ 699 + 15\ 669.911\ 177\ 7 \times X_3 + 9\ 628.135\ 446\ 14 \times X_4$$

在回归结果窗口中点击 "View—Estimation Output"，可回到原回归结果。在回归结果窗口中依次点击 "View—Actual" "Fitted" "Residual—Actual" "Fitted" "Residual Graph" 可得实际值、拟合值、残差值图，如图 8-9 所示。

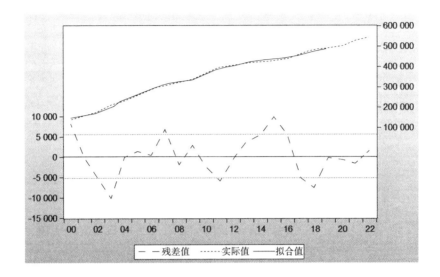

图 8-9 能源需求分析实际值、拟合值、残差值图

X_3、X_4 对应 t 统计量概率值为 0，说明 X_3、X_4 是显著的。F 统计量对应概率值为 0，说明整个方程是显著的，即变量 X_3、X_4 联合起来对变量能源消费总量有显著影响。可决系数 R^2 为 0.998 294，调整后的 R^2 为 0.998 112，说明模型拟合较好。在该模型中，X_3 的系数为 15 669.911 177 7，说明在其他因素不变的条件下，城市人口占总人口的比例每增加 1%，则能源消费总量平均将增加 15 669.911 177 7 万 t 标准煤；第二产业占国民经济的比重每降低 1%，则能源消费总量平均将减少 9 628.135 446 14 万 t 标准煤。

8.4.3 曲线回归案例：多项式回归方法的运用

如表 8-18 所示为我国 1952 年到 2022 年社会商品零售总额（按当年价格计算），根据往年数据分析、预测我国社会商品零售总额。

表8-18 我国社会商品零售总额

年 份	时序 T	总额 y_t	年 份	时序 T	总额 y_t	年 份	时序 T	总额 y_t
1952	1	276.8	1976	25	1 339.4	2000	49	38 447.1
1953	2	348	1977	26	1 432.8	2001	50	42 240.4
1954	3	381.1	1978	27	1 558.6	2002	51	47 124.6
1955	4	392.2	1979	28	1800	2003	52	51 303.9
1956	5	461	1980	29	2140	2004	53	58 004.1
1957	6	474.2	1981	30	2350	2005	54	66 491.7
1958	7	548	1982	31	2570	2006	55	76 827.2
1959	8	638	1983	32	2 849.4	2007	56	90 638.4
1960	9	696.9	1984	33	3 376.4	2008	57	110 995
1961	10	607.7	1985	34	4305	2009	58	128 331
1962	11	604	1986	35	4950	2010	59	152 083
1963	12	604.5	1987	36	5820	2011	60	179 804
1964	13	638.2	1988	37	7440	2012	61	205 517
1965	14	670.3	1989	38	8 101.4	2013	62	232 253
1966	15	732.8	1990	39	8 300.1	2014	63	259 487
1967	16	770.5	1991	40	9 415.6	2015	64	286 588
1968	17	737.3	1992	41	10 993.7	2016	65	315 806
1969	18	801.5	1993	42	14 240.1	2017	66	347 327
1970	19	858	1994	43	18 544	2018	67	377 783
1971	20	929.2	1995	44	23 463.9	2019	68	408 017
1972	21	1 023.3	1996	45	28 120.4	2020	69	391 981
1973	22	1 106.7	1997	46	30 922.9	2021	70	440 823
1974	23	1 163.6	1998	47	32 955.6	2022	71	439 733
1975	24	1 271.1	1999	48	35 122			

以 y_t 为因变量，以时序 T 的从低到高各次方幂为解释变量，经过多次尝试，结果发现从 T 到 T^7 都显著。第一次回归结果如表8-19所示。

表8-19 第一次回归结果

因变量：Y				
方法：最小二乘法				
日期：05/22/23 时间：00:00				
样本：1952 2022				
包含的有效观测值：71				
变量	系数	标准差	t 统计量	P 值
C	14 466.65	6 420.404	2.253 230	0.027 7
T	−10 690.51	3 081.245	−3.469 541	0.000 9
T^2	2 204.280	479.228 5	4.599 644	0.000 0
T^3	−191.102 1	33.694 14	−5.671 673	0.000 0
T^4	8.225 479	1.224 800	6.715 776	0.000 0
T^5	−0.184 667	0.023 873	−7.735 410	0.000 0
T^6	0.002 066	0.000 237	8.726 354	0.000 0
T^7	−9.01E−06	9.37E−07	−9.619 911	0.000 0
R^2	0.998 345	均值相关		70 795.09
调整后 R^2	0.998 161	因变量的标准差		124 250.2
回归标准误差	5 327.898	赤池信息量		20.105 11
残差平方和	1.79E+09	施瓦兹信息量		20.360 06
L 对数似然函数	−705.731 3	汉南 - 奎因信息量		20.206 49
F 统计量	5 429.544	杜宾 - 瓦特森统计量		1.561 157
$P(F$ 统计量 $)$	0.000 000			

但是加入 T^8、T^9 后，有的项不再显著，如加入 T^8 后第二次回归结果如表 8-20 所示。

表8-20 第二次回归结果

因变量：Y			
方法：最小二乘法			
日期：05/22/23 时间：00:02			
样本 1952 2022			
包含的有效观测值：71			

变量	系数	标准差	t 统计量	P 值
C	-1 360.315	6 932.939	-0.196 210	0.845 1
T	1 992.969	4 155.449	0.479 604	0.633 2
T^2	-644.970 7	819.504 2	-0.787 026	0.434 3
T^3	88.445 61	74.855 26	1.181 555	0.241 9
T^4	-6.048 064	3.665 918	-1.649 809	0.104 0
T^5	0.223 246	0.102 230	2.183 764	0.032 8
T^6	-0.004 507	0.001 625	-2.774 099	0.007 3
T^7	4.68E-05	1.37E-05	3.414 329	0.001 1
T^8	-1.94E-07	4.75E-08	-4.080 270	0.000 1
R^2	0.998 695	均值相关		70 795.09
调整后 R^2	0.998 527	因变量的标准差		124 250.2
回归标准误差	4 768.487	赤池信息量		19.895 42
残差平方和	1.41E+09	施瓦兹信息量		20.182 24
L 对数似然函数	-697.287 5	汉南 - 奎因信息量		20.009 48
F 统计量	5 932.999	杜宾 - 瓦特森统计量		1.974 394
$P(F$ 统计量)	0.000 000			

采用逐步剔除法，逐步去掉概率值 Prob. 最大、最不显著的项 T 以及 T^2 后，所得第三次回归结果如表 8-21 所示。

表8-21　第三次回归结果

因变量：Y				
方法：最小二乘法				
日期：05/22/23　时间：00:02				
样本：1952 2022				
包含的有效观测值：71				
变量	系数	标准差	t 统计量	P 值
C	−1 386.216	1 753.698	−0.790 453	0.432 2
T^3	16.221 39	4.403 028	3.684 146	0.000 5
T^4	−2.136 562	0.472 080	−4.525 849	0.000 0
T^5	0.108 260	0.020 051	5.399 174	0.000 0
T^6	−0.002 629	0.000 418	−6.292 680	0.000 0
T^7	3.07E−05	4.26E−06	7.207 947	0.000 0
T^8	−1.38E−07	1.70E−08	−8.092 267	0.000 0
R^2	0.998 646	均值相关		70 795.09
调整后 R^2	0.998 519	因变量的标准差		124 250.2
回归标准误差	4 781.865	赤池信息量		19.876 44
残差平方和	1.46E+09	施瓦兹信息量		20.099 52
L 对数似然函数	−698.613 5	汉南 - 奎因信息量		19.965 15
F 统计量	7 866.074	杜宾 - 瓦特森统计量		1.888 202
$P(F$ 统计量）	0.000 000			

第一次和第三次回归结果中各项 P 值以及 F 统计量都是显著的。相比之下，第三次回归结果可决系数 R^2 更高，残差项自相关参数德宾 - 沃森检验（Durbin-Watson stat）也更理想，因此将第三次回归结果作为最终方程。

　　第三次回归结果对应方程如下：

$Y=-1\ 386.215\ 583\ 74+16.221\ 394\ 327 \times T^3-2.136\ 562\ 193\ 63 \times T^4 + 0.108\ 259\ 774\ 862 \times T^5-0.002\ 629\ 427\ 031\ 71 \times T^6+3.073\ 004\ 611\ 13\text{E}-05 \times T^7 -1.379\ 215\ 888\ 09\text{E}-07 \times T^8$

　　可使用该方程对我国社会商品零售总额的后续值进行预测。社会商品零售总额分析的实际值、拟合值和残差值如图 8-10 所示。

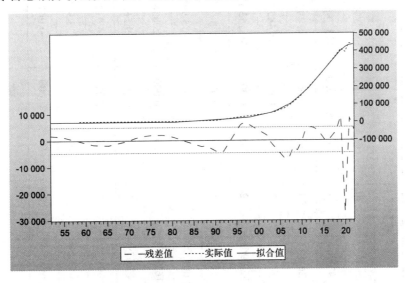

图 8-10　社会商品零售总额分析实际值、拟合值、残差值图

　　本例利用 SPSS 中文版软件进行曲线回归估计，勾选线性、二次项、复合、增长、对数、立方、S（形曲线）、指数分布、倒数模型、幂、Logistic 等 11 种曲线，得到的回归结果如表 8-22 所示，各曲线拟合效果图如图 8-11 所示。

表8-22 各曲线模型汇总和参数估计值

曲 线	模型汇总					参数估计值			
	R^2	F	df_1	df_2	sig.	常数	b_1	b_2	b_3
线性	0.577	93.964	1	69	0.000	-93 766.988	4 571.169		
对数	0.277	26.407	1	69	0.000	-166 499.258	71 784.299		
模型	0.048	3.511	1	69	0.065	84 489.882	-200 607.809		
二次	0.905	323.961	2	68	0.000	71 153.171	-8 983.913	188.265	
三次	0.986	1 565.518	3	67	0.000	-29 888.843	7 290.091	-372.872	5.196
复合	0.974	2 601.669	1	69	0.000	135.965	1.121		
幂	0.701	162.019	1	69	0.000	5.838	2.196		
S	0.204	17.679	1	69	0.000	9.563	-7.912		
增长	0.974	2 601.669	1	69	0.000	4.912	0.114		
指数	0.974	2 601.669	1	69	0.000	135.965	0.114		
Logistic	0.974	2 601.669	1	69	0.000	0.007	0.892		

注：自变量为 t。

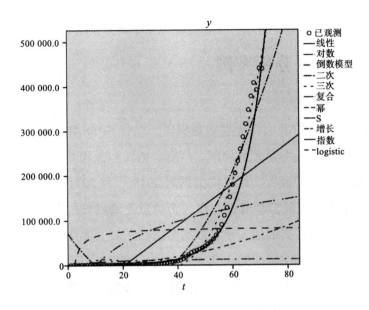

图 8-11　各曲线拟合效果图

由可决系数可以看出，三次多项式拟合效果最好，效果图如图 8-12 所示。

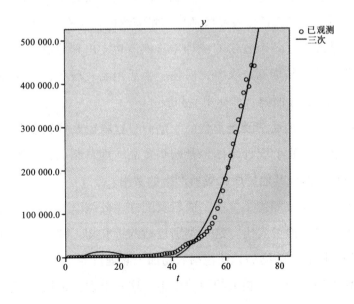

图 8-12　三次多项式拟合效果图

8.5　方差分析案例

根据五个省份的统计年鉴数据资料，结合 SPSS 软件和单因素方差分析的相关原理，对湖北、湖南、广东、浙江和福建五个省份城镇居民的消费结构进行了分析。选取的数据为 2019 年和 2021 年的城镇居民在 8 个生活支出项上的消费数据，在消费总量不断增长的情况下，相关研究表明不同项目消费的增长率存在着显著性差异。其中，居住方面的消费支出在总的消费支出中的占比增加，这表明随着时间的推移，居民在住房方面的消费支出比重在整体消费中逐渐增加。尽管其他消费项目有所增长，食品消费仍然是最大的消费类别，持续占据着重要的地位。教育文化娱乐消费可能有所下降，这可能与社会经济环境、消费观念的变化以及教育投资政策等因素有关。衣着消费支出没有明显的增幅，可能与消费习惯、时尚变迁以及品牌适应市场需求的情况有关。

一般情况下，各个省份的统计年鉴把消费支出划分成了 8 个主要的类别，分别是食品烟酒、衣着、居住、生活用品及服务、交通通信、教育文化娱乐、医疗保健、其他用品和服务。

食品烟酒类别通常涵盖了食品、烟酒、饮料以及餐饮服务相关的消费支出。这一类别的统计范围包括购买食品、烟草制品、酒类、各种饮料，以及在餐馆或其他场所就餐所产生的费用。

衣着类别通常涵盖了服装、面料及配件、鞋类以及衣物加工费等与个人穿着相关的消费支出。这一类别包括购买衣物、鞋子、饰品等与个人着装和装饰有关的物品，还包括衣物加工修理费等。

居住类别是与居住相关的消费支出，这一类别包括租房费用、房屋装修和维修费用，以及居住地的物业管理费、水电燃料费等。

生活用品及服务类别通常涵盖了家具和装饰材料、家用纺织品、杂货用品、个人护理品以及家政服务等与日常生活需要相关的消费支出。这一类别包括家具、家居装饰材料的购买费用、家用纺织品（如床上用品、窗帘等）的购买费用、个人护理品（如洗发水、牙膏等）的购买费用，以及家政服务（如保洁、保姆等）所产生的费用。

交通通信类别通常涵盖了与交通和通信相关的消费支出。这一类别包括购买交通工具及其维修费用、电信和邮递服务费用，以及通信设备（如手机、电脑等）的购买费用。

教育文化娱乐类别通常涵盖了与教育、文化和娱乐相关的消费支出。这一类别包括教育费用（如学费、培训费用等）、购买书报杂志及其他学习资料的费用，以及旅游和度假费用等。

医疗保健类别通常涵盖了与医疗保健相关的消费支出。这一类别包括购买医疗器械和药品的费用、门诊和住院等医疗服务的费用。

其他用品和服务类别通常涵盖了与个人装饰、美容美发等相关的消费支出，如购买首饰、手表等。

通过将消费支出划分到不同的类别中，可以更好地了解和分析不同领域的消费情况和趋势。这有助于深入了解人们在交通、通信、教育、文化、娱乐和健康等方面的消费行为。

本研究运用单因素方差分析方法，以 8 类生活支出项数据为控制变量，以城镇居民人均总支出数值为观测变量，对生活消费主要支出项目对城镇居民人均总支出数值的影响进行分析，同时对 3 年来五省消费结构的变化进行研究探讨，为相关部门的决策提供一定的参考。数据来自《湖南统计年鉴》《浙江统计年鉴》《广东统计年鉴》《湖北统计年鉴》《福建统计年鉴》，如表 8-23 和表 8-24 所示。

表8-23 2021年五省城镇居民家庭人均消费支出统计表

消费支出项目	湖 北	浙 江	福 建	广 东	湖 南
食品烟酒	8 513.06	11 283.41	10 612.2	11 622	5 254.1
衣着	1 844.87	2 437.219	1 740.946	1 519.9	767.9
居住	6 241.85	11 306.57	10 349.47	9 696.4	3 767.4
生活用品及服务	1 628.09	2 418	1 793.608	1 874.8	965.5
交通通信	3 562.72	6 105.049	3 655.569	5 008.5	1 921
教育文化娱乐	3 487.92	4 537.165	3 119.694	3 872.8	2 212.1
医疗保健	2 541.08	2 865.649	1 939.381	2 143.7	1 827.5
其他用品和服务	686.05	1 240.501	731.1121	882.9	238.2

表8-24 2019年五省城镇居民家庭人均消费支出统计表

消费支出项目	湖 北	浙 江	福 建	广 东	湖 南
食品烟酒	8 513.06	10 162	9 536.7	10 757.5	4 024.9
衣着	1 844.87	2 259	1 659.44	1 480.8	674.9
居住	6 241.85	9 977	8 954.9	8 961.6	3 152.9
生活用品及服务	1 628.09	2 075	1 556.8	1 894.8	787.7
交通通信	3 562.72	5 368	3 715.12	4 597.1	1 642.9
教育文化娱乐	3 487.92	4 342	3 066.29	3 984.5	1 851
医疗保健	2 541.08	2 300	1 691.54	1 883	1 614.5
其他用品和服务	686.05	1 024	764.75	864.9	220.1

8.5.1 消费结构变化的描述性实证分析

1. 实证分析相关数据构成

根据五个省份的统计年鉴上的数据资料，通过 SPSS 软件建立了包含两个年度的五省地区消费均值数据文件。然后，设置了一个统计表来分析 2019 年至 2021 年期间五省城镇居民消费结构的变化，表 8-25 是在三年中五个省城镇居民就业结构的变化情况。由此可知，在 2019 年和 2021 这几年间，各省城镇居民在食品烟酒消费方面支出的比重比较大，分别是 29.58% 和 29.89%，总体上保持平稳。此外，消费结构的比重也有所改变，居住和生活用品及服务这两项的支出比重呈逐渐增加的趋势。以各类消费支出占消费总支出比重的变化为基准，可以展现出城镇居民消费结构的变化趋势。

表8-25 2019年和2021年五省消费结构统计

年 份	食品烟酒	衣 着	居 住	生活用品及服务	交通通信	教育文化娱乐	医疗保健	其他用品和服务
2019	29.58%	5.45%	25.65%	5.46%	12.99%	11.51%	6.90%	2.45%
2021	29.89%	5.25%	26.14%	5.49*%	12.80%	1 089%	7.15%	2.39%
增量结构	858.1 217	78.36 51	814.686 2 111	147.52 166	273.399 663	99.59 388	257.43 798	43.792 5 6 383

2.SPSS 软件操作

在 SPSS 软件中进行单因素方差分析的如下操作：打开名为 "2021 年五省城镇居民就业人口均值数据" 的数据文件后，在菜单中选择 "分析" 选项，随后点击 "比较均值" 选项，再选择 "单因素 ANOVA" 选项。将 "人均支出数值" 和 "人均支出项目" 选择到对应的列表里。随之点击"选项"的对话栏中，在"统计量"下选择"描述性"和"均值图"的复选框。最后，在出现的单因素方差分析窗口中，选择确定，SPSS将自动输出统计结果。对于2019年的数据，操作的步骤相同。根据统计软件的运行结果，有下述情况。

（1）在全部8个主要的消费支出项目里，食品烟酒项占据了消费构成的第一名。这表示饮食服务方面的消费是这些地区城镇居民的主要支出内容。其中，2019年和2021年的食品烟酒的消费支出分别占总体消费支出的29.58%和29.89%。2021年食品消费支出占家庭总消费支出的比重比2019年增加了0.31%。这表明在过去的三年里，人们对于基本物质生活的需求有所提升。综合来看，其他项目的消费支出水平也都有着不同程度的提升。

（2）以2021年和2019年的增长幅度为基准，根据项目排序，增长最快的是居住，其次是食品烟酒，然后是医疗保健、生活用品及服务、衣着、教育文化娱乐，以及其他用品和服务。从这些消费支出项目比重的变化来看，居住消费比重的增长较为缓慢，而食品烟酒消费的增长较为迅速。

8.5.2　SPSS单因素方差分析的实证比较

1.2019年、2021年消费支出均值的单因素方差分析

如表8-26、表8-27所示为不同年份不同省份城镇居民消费支出数值的单因素方差分析的统计结果。这些统计量结果可以用来评估不同消费支出项目之间是否存在显著差异。F统计量的值越大，意味着不同项目之间的差异越显著。而对应的P值可以反映差异的显著性水平。如果P值小于事先设定的显著性水平（通常为0.05），说明不同项目之间的差

异是显著的。

2021 年、2019 年人均消费支出方差分析结果分别如表 8-28 和表 8-29 所示，方差齐性检验结果如表 8-30 所示。由表 8-28 及表 8-29 可知，P 值小于 α 为 0.05 的显著性水平，因此可以拒绝原假设 H_0：所有组之间的均值没有显著差异。由此可知，主要消费支出不同项目数值对消费支出数值的影响效应不全为 0，前者的均值对后者的均值产生了显著影响。

结果表明，在主要消费支出项目之间存在至少一组均值差异是显著的。如若想确定具体哪组或哪几组均值存在着显著性差异，还需进行多重比较检验。多重比较检验可以帮助我们确定具体哪些组之间存在显著差异。

表8-26 2021年城镇居民人均消费支出数值

消费支出项目	N	均　　值	标准差	标准误	均值的 95% 置信区间		极小值	极大值
					下限	上限		
食品烟酒	8	9 456.954	2 641.632	1 181.374	7 626.43	11 287.48	5 254.1	11 622
衣着	8	1 662.167	604.203 2	270.207 9	1 243.483	2 080.851	767.9	2 437.219
居住	8	8 272.336	3 160.945	1 413.618	6 081.953	10 462.72	3 767.4	11 306.57
生活用品及服务	8	1 736	522.738 7	233.775 9	1 373.767	2 098.232	965.5	2 418
交通通信	8	4 050.568	1 586.475	709.493	2 951.217	5 149.918	1 921	6 105.049
教育文化娱乐	8	3 445.936	866.536 4	387.526 8	2 845.468	4 046.404	2 212.1	4 537.165
医疗保健	8	2 263.462	432.763	193.537 5	1 963.578	2 563.346	1 827.5	2 865.649

消费支出项目	N	均　值	标准差	标准误	均值的95%置信区间		极小值	极大值
					下限	上限		
其他用品和服务	8	755.752 6	362.102 7	161.937 3	504.832 8	1 006.672	238.2	1 240.501
总数	64	31 643.17	9 578.604	4 283.682	25 005.66	38 280.69	16 953.7	42 193.56

表8-27　2019年城镇居民人均消费支出数值

消费支出项目	N	均　值	标准差	标准误	均值的95%置信区间		极小值	极大值
					下限	上限		
食品烟酒	8	8 598.832	2 688.454	1 202.313	6 735.862	10 461.8	4 024.9	10 757.5
衣着	8	1 583.802	584.483 1	261.388 8	1 178.783	1 988.821	674.9	2 259
居住	8	7 457.65	2 777.579	1 242.171	5 532.921	9 382.379	3 152.9	9 977
生活用品及服务	8	1 588.478	493.547 1	220.721	1 246.474	1 930.482	787.7	2 075
交通通信	8	3 777.168	1 397.137	624.818 9	2 809.019	4 745.317	1 642.9	5 368
教育文化娱乐	8	3 346.342	966.061 8	432.036	2 676.908	4 015.776	1 851	4 342
医疗保健	8	2 006.024	400.010 3	178.89	1 728.836	2 283.212	1 614.5	2 541.08
其他用品和服务	8	711.96	302.549 2	135.304 1	502.308	921.612	220.1	1 024
总数	64	29 070.26	9 609.823	4 297.643	22 411.11	35 729.4	13 968.9	38 343.58

表8-28 2021年消费支出方差表

人均支出数值				
差异来源	平方和	自由度	均方	*f*	显著性
组间	362 283 475.031	7	51 754 782.147	19.535	0.000
组内	84 777 191.199	32	2 649 287.225		
总计	447 060 666.230	39			

表8-29 2019年消费支出方差表

人均支出数值				
差异来源	平方和	自由度	均方	*f*	显著性
组间	294 745 978.208	7	42 106 568.315	18.048	0.000
组内	74 659 027.012	32	2 333 094.594		
总计	369 405 005.220	39			

表8-30 方差齐性检验

因变量	检验方法	莱文统计	自由度1	自由度2	显著性
人均支出数值	基于平均值	3.920	7	32	0.003
	基于中位数	1.403	7	32	0.238
	基于中位数并具有调整后自由度	1.403	7	10.251	0.301
	基于减除后平均值	3.661	7	32	0.005

2. 单因素方差分析的多重比较检验

对于吃穿住等各生活支出项，可以通过多重比较检验来反映哪一项消费的作用是否明显。进行多重比较检验的意义在于可以确定城镇居民人均总支出不同项目均值之间是否有显著性差异。

在 SPSS 软件中进行多重比较检验的步骤如下：

（1）导入五省不同项目消费支出表进行多重比较。

（2）选择"分析"菜单，然后点击"比较均值"选项。

（3）在弹出的子菜单中，选择"单因素方差分析"。

（4）在"因子"框中选择需要进行比较的因子变量。

（5）将因变量移动到"依赖变量"框中。

（6）在"选项"下，点击"两两比较"。

（7）选择"Bonferroni"。

（8）点击"确定"，计算并输出多重比较的结果。

对两组不同消费支出项目下消费均值检验结果的总结：

（1）食品烟酒项的支出与其他项之间存在显著差异。

（2）通过多个两两不同的支出项目的比较，发现食品烟酒项的支出在消费中所占比例依旧最大，同时与其他几项存在着显著性差异。

（3）医疗保健与居住项的均值差异不显著。交通通信的消费水平与衣着、生活用品及服务，以及教育文化娱乐在这三年中也不存在显著差异。

总体来看，在 2019—2021 年，医疗保健、居住、食品烟酒以及生活用品与服务项的消费增长较为明显。从不同项目的比重来看，居住和食品方面的消费的比重有所上升，而衣着、教育文化娱乐和交通通信的消费比重有所下降。其中，居住方面的支出增幅最为显著。

8.6　时间序列分析案例

为了分析我国居民人均可支配收入与人均消费支出的具体数量关系，

笔者从国家统计局网站搜集相关数据，结果如表8-31所示。

表8-31 时间序列分析原始数据表

年 份	居民人均可支配收入/元	居民人均消费支出/元	年 份	居民人均可支配收入/元	居民人均消费支出/元	年 份	居民人均可支配收入/元	居民人均消费支出/元
1980 年	247	211	1995 年	2 363	1 957	2009 年	10 977	8 377
1981 年	279	244	1996 年	2 814	2 288	2010 年	12 520	9 378
1982 年	326	273	1997 年	3 070	2 437	2011 年	14 551	10 820
1983 年	365	304	1998 年	3 254	2 516	2012 年	16 510	12 054
1984 年	424	340	1999 年	3 485	2 658	2013 年	18 311	13 220
1985 年	479	402	2000 年	3 721	2 914	2014 年	20 167	14 491
1986 年	541	465	2001 年	4 070	3 139	2015 年	21 966	15 712
1987 年	599	521	2002 年	4 532	3 548	2016 年	23 821	17 111
1988 年	709	639	2003 年	5 007	3 889	2017 年	25 974	18 322
1989 年	804	712	2004 年	5 661	4 395	2018 年	28 228	19 853
1990 年	904	768	2005 年	6 385	5 035	2019 年	30 733	21 559
1991 年	976	844	2006 年	7 229	5 634	2020 年	32 189	21 210
1992 年	1 125	937	2007 年	8 584	6 592	2021 年	35 128	24 100
1993 年	1 385	1 145	2008 年	9 957	7 548	2022 年	36 883	24 538
1994 年	1 870	1 540						

记居民人均可支配收入为变量 X，居民人均消费支出为变量 Y，取它们的自然对数 $\ln X$ 及 $\ln Y$ 并进行平稳性的单位根检验，所得结果如图 8-13 和图 8-14 所示。

Null Hypothesis: LNX has a unit root
Exogenous: Constant, Linear Trend
Lag Length: 1 (Automatic - based on SIC, maxlag=9)

		t-Statistic	Prob.*
Augmented Dickey-Fuller test statistic		-1.655445	0.7527
Test critical values:	1% level	-4.198503	
	5% level	-3.523623	
	10% level	-3.192902	

*MacKinnon (1996) one-sided p-values.

Augmented Dickey-Fuller Test Equation
Dependent Variable: D(LNX)
Method: Least Squares
Date: 08/29/23   Time: 23:00
Sample (adjusted): 1982 2022
Included observations: 41 after adjustments

Variable	Coefficient	Std. Error	t-Statistic	Prob.
LNX(-1)	-0.074845	0.045211	-1.655445	0.1063
D(LNX(-1))	0.700502	0.130820	5.354705	0.0000
C	0.462427	0.243955	1.895546	0.0659
@TREND("1980")	0.008625	0.005709	1.510739	0.1393

R-squared	0.532178	Mean dependent var	0.119129
Adjusted R-squared	0.494247	S.D. dependent var	0.049851
S.E. of regression	0.035452	Akaike info criterion	-3.748809
Sum squared resid	0.046503	Schwarz criterion	-3.581631
Log likelihood	80.85058	Hannan-Quinn criter.	-3.687932
F-statistic	14.02999	Durbin-Watson stat	1.735329
Prob(F-statistic)	0.000003		

图 8-13　$\ln X$ 平稳性单位根检验结果

Null Hypothesis: LNY has a unit root
Exogenous: Constant, Linear Trend
Lag Length: 1 (Automatic - based on SIC, maxlag=9)

		t-Statistic	Prob.*
Augmented Dickey-Fuller test statistic		-0.899828	0.9463
Test critical values:	1% level	-4.198503	
	5% level	-3.523623	
	10% level	-3.192902	

*MacKinnon (1996) one-sided p-values.

Augmented Dickey-Fuller Test Equation
Dependent Variable: D(LNY)
Method: Least Squares
Date: 08/30/23　Time: 00:10
Sample (adjusted): 1982 2022
Included observations: 41 after adjustments

Variable	Coefficient	Std. Error	t-Statistic	Prob.
LNY(-1)	-0.051972	0.057758	-0.899828	0.3740
D(LNY(-1))	0.477745	0.157398	3.035273	0.0044
C	0.361965	0.305911	1.183239	0.2443
@TREND("1980")	0.005068	0.006953	0.728827	0.4707

R-squared	0.328109	Mean dependent var	0.112459
Adjusted R-squared	0.273632	S.D. dependent var	0.055901
S.E. of regression	0.047643	Akaike info criterion	-3.157711
Sum squared resid	0.083983	Schwarz criterion	-2.990533
Log likelihood	68.73308	Hannan-Quinn criter.	-3.096834
F-statistic	6.022828	Durbin-Watson stat	1.881945
Prob(F-statistic)	0.001901		

图 8-14　$\ln Y$ 平稳性单位根检验结果

　　从检验结果看，序列 $\ln X$ 及 $\ln Y$ 均具有单位根，是非平稳序列。以 $\ln X$ 为自变量，$\ln Y$ 为因变量进行普通最小二乘回归，得到结果如图 8-15 所示。

```
Dependent Variable: LNY
Method: Least Squares
Date: 08/30/23   Time: 23:23
Sample: 1980 2022
Included observations: 43
```

Variable	Coefficient	Std. Error	t-Statistic	Prob.
C	0.145072	0.025229	5.750149	0.0000
LNX	0.952418	0.003009	316.5524	0.0000

R-squared	0.999591	Mean dependent var	7.995356
Adjusted R-squared	0.999581	S.D. dependent var	1.485860
S.E. of regression	0.030414	Akaike info criterion	-4.102457
Sum squared resid	0.037925	Schwarz criterion	-4.020541
Log likelihood	90.20282	Hannan-Quinn criter.	-4.072249
F-statistic	100205.4	Durbin-Watson stat	0.589550
Prob(F-statistic)	0.000000		

图 8-15　最小二乘回归结果

令残差项序列 $e_t = \ln Y - (0.145\,072 + 0.952\,418 \ln X)$，对 e_t 进行平稳性检验，由于残差序列得均值为 0，选择无截距项、无趋势项的 ADF 检验，得到结果如图 8-16 所示。

```
Null Hypothesis: E has a unit root
Exogenous: None
Lag Length: 0 (Automatic - based on SIC, maxlag=9)
```

		t-Statistic	Prob.*
Augmented Dickey-Fuller test statistic		-2.622674	0.0100
Test critical values:	1% level	-2.621185	
	5% level	-1.948886	
	10% level	-1.611932	

*MacKinnon (1996) one-sided p-values.

```
Augmented Dickey-Fuller Test Equation
Dependent Variable: D(E)
Method: Least Squares
Date: 08/31/23   Time: 00:00
Sample (adjusted): 1981 2022
Included observations: 42 after adjustments
```

图 8-16　ADF 检验结果

Variable	Coefficient	Std. Error	t-Statistic	Prob.
E(-1)	-0.302105	0.115190	-2.622674	0.0122

R-squared	0.143537	Mean dependent var	-0.000281
Adjusted R-squared	0.143537	S.D. dependent var	0.023351
S.E. of regression	0.021610	Akaike info criterion	-4.807819
Sum squared resid	0.019146	Schwarz criterion	-4.766446
Log likelihood	101.9642	Hannan-Quinn criter.	-4.792654
Durbin-Watson stat	2.086321		

图 8-16　ADF 检验结果（续）

经过检验发现，序列 $\ln X$ 及 $\ln Y$ 均为一阶单整序列，可以进行协整回归。由上述结果可知在 5% 的显著性水平之下，残差项序列是平稳序列，序列 $\ln X$ 及 $\ln Y$ 之间存在协整，两者之间具有长期均衡关系，通过建立误差修正模型，把人均可支配收入与人均消费支出的短期行为与长期变化联系起来。令 $\mathrm{D}\ln X=\ln X-\ln X(-1)$，$\mathrm{D}\ln Y=\ln Y-\ln Y(-1)$，以 DlnY 为被解释变量，以 DlnY 及残差项序列的滞后项为解释变量，最终得到误差修正模型的估计结果，如图 8-17 所示。

Dependent Variable: DLNY
Method: Least Squares
Date: 08/31/23　Time: 00:12
Sample (adjusted): 1981 2022
Included observations: 42 after adjustments

Variable	Coefficient	Std. Error	t-Statistic	Prob.
C	-0.014809	0.008918	-1.660622	0.1048
DLNX	1.078015	0.069857	15.43183	0.0000
E(-1)	-0.356315	0.117513	-3.032128	0.0043

R-squared	0.859733	Mean dependent var	0.113241
Adjusted R-squared	0.852540	S.D. dependent var	0.055447
S.E. of regression	0.021292	Akaike info criterion	-4.792230
Sum squared resid	0.017680	Schwarz criterion	-4.668110
Log likelihood	103.6368	Hannan-Quinn criter.	-4.746735
F-statistic	119.5208	Durbin-Watson stat	2.128259
Prob(F-statistic)	0.000000		

图 8-17　误差修正模型估计结果

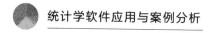

对应回归方程为

$$D\ln Y_t = -0.014\,808\,685\,707\,6 + 1.078\,014\,618\,69D\ln X_t - 0.356\,315\,335\,404e_{t-1}$$

上述结果表明，人均消费支出的变化不仅取决于人均可支配收入的变化，还取决于上一期人均消费支出对均衡水平的偏离。误差项 e_{t-1} 的系数 $-0.356\,3$ 体现了对偏离的修正，上期偏离越远，本期修正量就越大，即存在误差修正机制。

参考文献

[1] 李金林，马宝龙．管理统计学应用与实践：案例分析与统计软件应用（第2版）[M]．北京：清华大学出版社，2014．

[2] 李金林，马宝龙．管理统计学应用与实践：案例分析与统计软件应用[M]．北京：清华大学出版社，2007．

[3] 肖丹桂，郑敏华，毛莹，等．统计学案例分析[M]．武汉：武汉大学出版社，2022．

[4] 王志平．数据、模型与软件统计分析[M]．南昌：江西高校出版社，2019．

[5] 李丽清，管仕平．统计学原理及应用[M]．武汉：华中科技大学出版社，2019．

[6] 于学文，杨欣，张洪迎．应用统计学SPSS项目分析实践[M]．北京：北京理工大学出版社，2022．

[7] 陈舒艳．统计学：Stata应用与分析[M]．北京：机械工业出版社，2019．

[8] 张小山．社会统计学与SPSS应用（第2版）[M]．武汉：华中科技大学出版社，2018．

[9] 王晓燕，罗秀琴，王芳，等．统计学原理与应用[M]．西安：西安电子科技大学出版社，2017．

[10] 周明，张丽颖．统计学[M]．上海：上海交通大学出版社，2016．

[11] 林升梁．广告统计学概论[M]．北京：中国书籍出版社，2019．

[12] 高启胜．护理科研统计方法与软件操作实战[M]．上海：上海交通大学出版社，2019．

[13] 陈常中．流行病学数据分析与易俪统计软件实现[M]．上海：上海科学技术出版社，2016．

[14] 魏高文，魏歆然．医学统计设计与数据分析的SPSS应用[M]．北京：

中国中医药出版社, 2020.

[15] 周勇. 首届应用统计专业硕士优秀案例选 [M]. 北京: 中国统计出版社,
2016.

[16] 史周华, 何雁. 中医药统计学与软件应用（第2版）[M]. 北京: 中国
中医药出版社, 2017.

[17] 陈钦, 王灿雄. 应用统计学 [M]. 上海: 上海交通大学出版社, 2017.

[18] 庞皓, 史代敏. 计量经济学（第5版）[M]. 北京: 科学出版社, 2023.

[19] 张晓峒. 计量经济学软件 EViews 使用指南（第2版）[M]. 天津: 南
开大学出版社, 2024.

[20] 章文波, 陈红艳. 实用数据统计分析及 SPSS12.0 应用 [M]. 北京: 人
民邮电出版社, 2006.

[21] 孙廷哲. 提高"生物统计学"教学效果的探索 [J]. 绵阳师范学院学报,
2020, 39(11): 70-74.

[22] 王玉花. 社区严重精神障碍患者的家庭随访及护理对策研究 [J]. 人人
健康, 2020 (13): 240.

[23] 张祥胜, 胡化广, 薛菲. SPOC 在线教学的实施与思考: 以生物统计学
软件教学为例 [J]. 林区教学, 2018 (9): 93-95.

[24] 国金玲. 清热解毒片/胶囊质量控制方法研究 [D]. 太原: 山西中医药
大学, 2018.

[25] 陈嘉欣, 杜邦, 陈远思, 等. 流行病与卫生统计学专业研究生卫生统计
学学习现状调查 [J]. 河南医学研究, 2018, 27(8): 1350-1354.

[26] 姜喜春. 统计学专业人才软件课程教学方法研究 [J]. 黑河学院学报,
2017, 8(10): 128-129, 187.

[27] 周到, 黄敏. 生物医学工程专业《生物统计学》软件平台的选择 [J].

教育教学论坛 , 2017 (25): 50-51.

[28] 陶志悦 . 盐酸曲美他嗪胶囊对慢性心力衰竭患者心功能的影响 [D]. 南宁 : 广西中医药大学 , 2017.

[29] 蔡小娟 . 循证护理在维持性血液透析患者并发高血压的效果分析 [J]. 健康之路 , 2016, 15(9): 194.

[30] 张巧莲 , 杨晨晨 . 3 种医学期刊统计学软件及统计学推断方法应用现状分析 [J]. 新疆医科大学学报 , 2016, 39(1): 126-129.

[31] 常鹰 . 针刺通里穴对脑血栓患者脑动脉循环系统血流及 PI 和 RI 指数的影响 [D]. 哈尔滨 : 黑龙江中医药大学 , 2015.

[32] 梁莉 , 李雅睿 , 葛龙 , 等 . 我国"循证"冠名杂志刊载干预类系统评价/Meta 分析的统计学现状调查 [J]. 循证医学 , 2014, 14(2): 99-103.

[33] 周晓彬 . 医用统计学软件 PPMS 1.5 在医学科学研究中的应用价值 [J]. 青岛大学医学院学报 , 2011, 47(6): 504-506.

[34] 周晓彬 , 纪新强 , 徐莉 . 医用统计学软件 PPMS 1.5 的组成和应用特点 [J]. 齐鲁医学杂志 , 2009, 24(1): 29-32.

[35] 冯益明 , 李增元 , 张旭 , 等 . 林业空间统计学软件设计 [J]. 林业科学 , 2006 (Z1): 10-15.

[36] 童新元 , 曹秀堂 , 夏蕾 . 中文统计学软件 CHISS[J]. 军事医学科学院院刊 , 2005 (5): 封面 2.

[37] 吕昭智 , 包安明 , 陈曦 , 等 . 地统计学软件在害虫管理中的应用 [J]. 生态学杂志 , 2003 (6): 132-136.

[38] 冯宇 . 产教深度融合背景下高校经济管理类统计学教改分析 [J]. 老字号品牌营销 , 2023 (17): 161-163.

[39] 李宗璋 . 基于"挑战杯"竞赛的统计学课程"赛教融合"教学改革与

实践 [J]. 科技资讯 , 2022, 20(23): 165-169.

[40] 张娟娟 , 朱芳芳 . 人工智能背景下统计学课程教学改革探讨 [J]. 对外经贸 , 2022 (10): 150-153.

[41] 吕晓焕 , 刘瑞峰 , 吴银毫 . 农业类高等院校统计学课程教学改革的探索 : 以经济管理类本科为例 [J]. 科技风 , 2022 (29): 122-125.

[42] 曾慧 . 统计学一流课程建设探索与实践 [J]. 统计理论与实践 , 2022 (9): 69-72.

[43] 张文博 . 混合式教学背景下统计学课程教学设计研究 [J]. 长春师范大学学报 , 2022, 41(9): 177-180.

[44] 郭萌 , 李敬文 . 影响科技期刊论文统计学方法合理性因素分析 : 以呼吸病学、结核病学类期刊为例 [J]. 科技传播 , 2022, 14(17): 21-25.

[45] 金春 . 基于 OBE 理念的统计学课堂教学研究与实践 [J]. 对外经贸 , 2022(8): 139-141, 147.

[46] 郑峰 , 耿刘利 , 陈海燕 . 新工科背景下 CDIO 理念的 "统计学" 课程教学改革探讨 : 以滁州学院为例 [J]. 滁州学院学报 , 2022, 24(4): 122-125.

[47] 陈楠 , 周健美 , 任贺 , 等 . 线上线下混合式教学课程《旅游统计学》课程思政建设探析 [J]. 经济师 , 2022 (8): 177-179.

[48] 李滢 , 张亮 , 宗义湘 . 统计学课程思政教学改革探究 [J]. 保定学院学报 , 2022, 35(4): 111-114, 136.

[49] 许茜 , 蔡晶 . 中医院校研究生医学统计学教学困难及改革措施 [J]. 福建教育学院学报 , 2022, 23(7): 79-81.

[50] 姚丽 , 梁馨娜 . 大数据背景下经管类统计学课程改革与创新研究 [J]. 科技经济市场 , 2022 (7): 127-129.